JN188848

ニューワード ニューワールド

言葉をアップデートし、
世界を再定義する

竹田ダニエル

NEW WORD NEW WORLD

集英社

まえがき　竹田ダニエル

「自分の考えや気持ちを言語化できるようになりたい」、「なかなか思っていることを言語化できなくてモヤモヤする」という声をよく聞く。だから私がSNS上や記事、書籍などで書く文章を読むことによって「言語化してもらってスッキリした」という意見をいただくことが頻繁にあるのかもしれない。そのように言っていただけることはありがたいし、もちろんうれしい。しかし同時に、なぜ昨今の日本でここまでも「モヤモヤ」や「言語化」という言葉に注目が集まっているのか、気になってしまう自分もいる。日本で教育を受けた人の話を聞くと、「日本の教育では自分の気持ちを言葉にする練習をしない」、「定型文的な答えばかり求められがち」という話が度々上がる。また、意見をはっきり言うのは「和を乱す」ようで憚られるなど、文化面でもさまざまな理由があるだろう。

自分は日本でもアメリカでも教育を受けたが、アメリカという国で生きていくには、つねに強い自己主張をすることが求められる。子どもの頃から発言や意見表明をしない生徒は「非積極的」であるとして学校内でも課外活動でも評価が低く、大人になってからもオピニオンを主張できる人はリーダーシップを発揮する人材として見られるし、逆にはっきりと意見を言わない人は「主張がない人」として損をしてしまうだろう。現在もアメリカ在住である私は、そのような教育上の積み重ねもあり「自分独自の意見を自分独自の言葉で説明する」ことが好きだ。何しろ、意見はあくまでも個人の考えであり、必ずしも「正解・不正解」があるとは限らない。学びや対話、議論やフィードバックを繰り返すことによって、文字や言葉を通して自分と社会の結びつきも見えてくるだろう。

私は日本のアーティストを海外のアーティストや市場につなげるエージェントとしての仕事もしているが、アーティストによっては関係が深くなるにつれて、パーソナルな悩み事の相談を聞くことも多い。その際に彼らがよく口にするのが、日本の音楽業界や社会全体の古い体制に対するイライラやモヤモヤがあるが、代わりとなるような世界線を想像することもできないし、その自分自身の不甲斐ない気持ちをどう表現したらいいかわからず、「怒り」や「苛立ち」しか認識できない、という問題だ。そこで私が取るのは、近しい内容が英語圏ですでに議論されている場合はその議論の中心となる「言葉」を紹介するという手法で、それによって新たな視点や価値観を得てもらうという作業の繰り返しだ。

最近では日本でも「コンプラ」「パワハラ」「マンスプ」など、かつては一般的ではなかった言葉が多く用いられるようになり、ずっと存在していたけれど的確に言語化できなかった「社会問題」を指摘できるようになった。空気中に漂っているような疑問や違和感に「言葉」を通して形をつけることによって、それについて学び、話し合うことがようやく可能になるのだ。同じように、自分が置かれている環境や自分が抱いている感情を「言葉」や「価値観」を通して理解することができれば、自分をより深く知ることにもつながるし、他者を理解するために役立つ力強いヒントにもなりうる。

本書の元となっている『yoi』での連載は、『yoi』という媒体特有のやわらかさや読者の学びに対する高い意欲があるからこそ続けられてきた、自分にとってはかなり異色の連載だ。ライターや編集者の方々と語り合い、学び合いを通して、作る人も読む人にとっても「新たな自分」を知るきっかけになるような、「新たな言葉」との出合いを作ることを意識した連載でもある。タイトルのとおり、新しい言葉を知ることは、「新しい価値観」を知ることであり、それは「新しい世界」を知ることでもある。

さあ、「モヤモヤ」を捨てに、言葉の旅に出よう。

目次

※本書では、すべて1ドル＝140円（2024年9月現在のレート）で換算しています。
※対談での名前表記は、会話の中で呼び合っている名前を採用しています。

第1章

メンタルヘルス

“Therapy speak”

人間関係をハウツーで攻略しようとしていない？
メンタルケアの誤った解釈「セラピースピーク」の弊害

アメリカではセラピストとマッチングできるサービスがある⁉

——今回はアメリカのZ世代的価値観における「メンタルヘルス」について伺えたらと思います。アメリカでは、日本よりもカウンセリングなどに行くことへのハードルが低い印象がありますが、実際はどうなのでしょうか？

そうですね。**アメリカではカウンセリングやサイコセラピーは、保険が適用されることもあります。**深刻な症状がなくとも精神的な調子を整えたり、パートナーや家族との関係をよくするために気軽に話しに行ったりする、という認識も広く浸透していると思います。特に新型コロナウイルス感染症のパンデミック以降は、体の健康と同じくらいメンタルヘルスの重要性が認知されるようになり、カウンセリングやサイコセラピーに通う人がこれまで以上に増えているそうです。

——気軽にセラピーを受けられる環境が整っているんですね。

ほかにも、セラピストとマッチングできるサービスがあったり、テキストメッセージだけでやり取りできるサービスも増えています。私の友達は映画を観たあと、「この作品は自分のトラウマと重なる部分があったから、すぐセラピストに話さなきゃ」と言っていました。そのくらい、**自分のメンタルヘルスについて語ることがタブーではなくなってきている、という印象があります。**

また、TikTokやInstagramなどのSNSでは、メンタルヘルスに関する情報や具体的なアドバイスを発信するアカウントも増えていて、それと同時に**一般の人までがセラピストのような話し方をする「therapy speak（セラピースピーク）」が広がっています。**

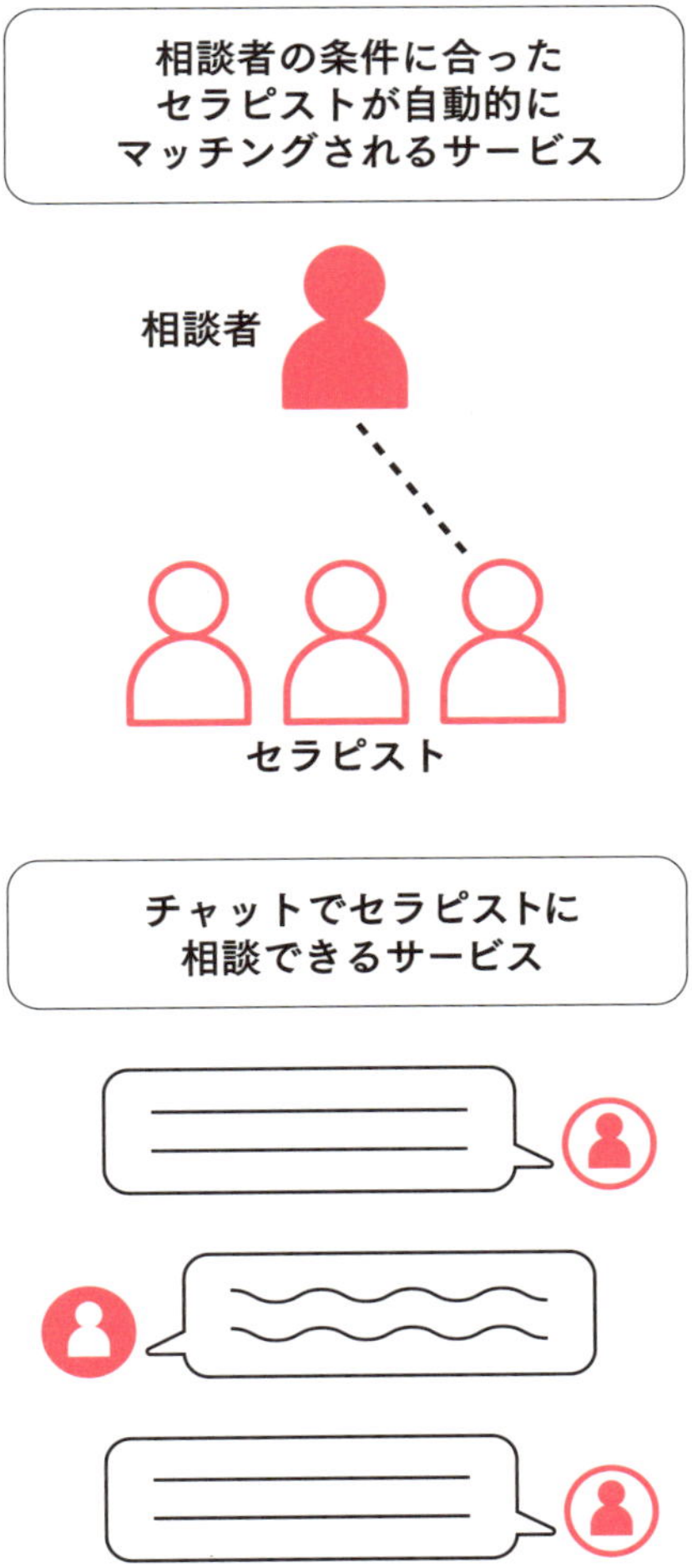

——具体的にどのようなことが「セラピースピーク」と言われるのでしょうか？

セラピストがクライアントに接するときのような話し方を取り入れることを言います。「インナーチャイルド（自分の心の中にいる子ども）」や「ＯＣＤ（強迫性障害）」などの心理学用語を日常会話で引用する人もいますね。

〝エセ〟セラピー情報が蔓延している背景

一方で、**セラピーを受けることがカジュアルになり、メンタルヘルスに関するコンテンツが増えたことで、SNSなどでは間違った情報が広がっています。**

例えば、SNSに存在するセラピストのアカウントには、専門的な知識がない〝エセ〟セラピストもいます。彼らは投稿をバズらせるために、抽象的な概念をわかりやすい言葉に言い換えて、大事な部分が抜け落ちた内容を発信していることも少なくありません。

ひとつの例として、〝友人から相談を受けたときにうまく断るための「セラピースピーク」〟が一気に拡散され、非難されたことがありました。その投稿によると、自分には抱えきれない相談を誰かにされたら、「相談してくれてありがとう。でも、今の私には余裕がないから話が聞けない」と答えるようにしよう、というハウツー（手法）が書いてあったんです。

どこか定型文的で、他人行儀な言葉遣いには少し違和感があるし、目の前で助けを必要としている友人をシャットダウンするような態度に、批判的な声も集中しました。

本来のセラピーは相手に寄り添い、傾聴し、気持ちの言語化を促すことが目的なはず。なのに、バズ目的で発信された〝ポップ〟で浅い内容によって、「セラピースピーク」＝〝お願いを断りやすいフレーズ〟〝表層的な会話をインテリ風に見せて、自分本位で進めるための話術〟〝人間関係において責任を持たないために突き放す手法〟という印象がついてしまった。

「セラピースピーク」の認知度が上がったことで、相手を気遣ったり自分に向き合ったりしているように見せかけて、結果的に相手をコントロールしたり自分を悪く見せないようにしたりするためのツールが広がっ

てしまったことも弊害としてとらえられています。

人間関係はハウツーで攻略できないもの

――間違った情報によって、メンタルヘルスや人間関係を取り巻く事情は変わってきていると感じますか？

専門家の言葉遣いやそれっぽい言い方を日常で見聞きしやすくなったことで、「セラピースピーク」を応用し、友達を簡単に切り離してしまう傾向があると指摘されています。

「ごめん、今忙しくて無理」とアッサリ返すのは気まずい。でも、基本フレーズさえ知っておけば、相手が誰であれ断ることができる。**セルフラブの意味をはき違えて、自分が傷つかないために、本来相手と向き合うコミュニケーションツールであるはずの言葉を、定型文のように利用する人が増えています。**つまり、人間関係をハウツーで攻略しようとしているということです。

これは、人と深い関係を築くことを避ける「反コミットメントカルチャー」（P109で詳しく紹介）のひとつだと思います。

心の状態を〝メンヘラ〟という言葉で一括りにしない

――「セラピースピーク」が広がり、さまざまな議論が繰り広げられる中で、よかったと感じる変化はありますか？

以前に増してメンタルヘルスについてオープンに話せるようになったり、専門的な知識を得る機会が増えたりしたことはよかった点だと思います。風邪をひいたり、ケガをしたりしたときに病院に行くように、心がふさいだときに専門家に頼ったり、無理せず休んだりするということがノーマライズされるようになってきました。

また、**セラピーに通うことはネガティブなことではなく、クールなことという認識が広がっています。**自分の問題と向き合うことは、それを乗り越えようとしている証。逆にセラピーに行っていない人とはデートしたくないという人もいるほど。ジムに通っている人は健康意識が高く、向上心があるととらえられているのと同じです。

人は誰しも体調がいいとき・悪いときがあるように、不安や悩みを抱えることもある。それはその人の性質ではなく、ただの状態です。でもそれが、**〝メンヘラ〟などという言葉に括られて軽視されるような環境下では、自分の心の状態についてオープンに語ることは難しいですよね。**もっとつらさや弱さを吐き出せる場にアクセスしやすい社会になってほしいと思います。

相談を受けたときに覚えておきたい「バウンダリー」

――セラピストではない私たちが、誰かから相談を受けたときに大切なことはなんだと思いますか？

相手に寄り添うことが大切とはいえ、他者の重い苦悩や悩みに真剣に応えすぎて自分が苦しくなってしまわないようにしなくてはいけない。**自分と他者とのあいだに心理的・物理的な境界線（バウンダリー）を引くことは、重要だと思います。**

ただその際に、**誤って解釈された「セラピースピーク」のような、定型文的なフレーズを使うのではなく、**

今の自分がなぜ寄り添えないのかを、本心で伝えること。そうすれば相手にも「拒否された」とは思われないはずです。相手を否定するのではなく、突き放すのでもなく、でも一緒に悩みすぎて共倒れはしない。相談する側もされる側も、リスペクトを持ってお互いに向き合っていくことが大切だと感じますね。

"Venting"

〝嫌われたくない〟日本と、アメリカの友人関係の違いとは？友達に愚痴を言うのは「ベンティング」として嫌がられる？

相談や愚痴が〝傲慢〟と取られることもある、アメリカの個人主義社会

――『yoi』で友達に関するお悩みを募集すると、「友達になかなか心を開けない」「自分をさらけ出せない」という声が多かったんです。こういった声を聞いて、ダニエルさんはどう感じますか？

日本は〝建前社会〟という一面もあるから、なかなか本音をさらけ出しにくいと言われていますよね。逆に、一度腹を割って話したあとは、深い話ができる関係性に発展しやすいのではないでしょうか。一方アメリカでは、言葉を尽くして自分の想いを一生懸命伝えようとする人が少ない印象があります。仲が良くても表層的な会話ばかりになってしまったり…。

――それはどうしてでしょうか？

アメリカでは幼い頃から自己主張することを求められます。なぜなら、人種的に多様な国だから。**文化や宗教、価値観などバックグラウンドが異なる人々が大勢暮らしているので、自分の考えは口に出して相手に伝えないと理解してもらえない。**そして競争も激しく、静かに「察してもらおう」と待っていては損をしてしまいます。そういう社会に生きていると、誰かに質問されたら〝深く考える前にとりあえず何かを言おうとする癖〟がつきやすいし、みんな幼少期から〝自分をよく見せる訓練〟を受けているので、口先だけでうまいことを言うのは得意です。

その考えが行きすぎると、「もっと人と違う意見を言わなければいけない」とか、「いかに突拍子もない発

言をするか」ということばかりに終始する人も出てきます。**そのため、〝大勢の中のひと言〟では目立ったとしても、一対一で深く話すと意外と言葉に重みがないと感じることがあります。**

――ハッキリと意見を伝えることと、そこに内容が伴っているかどうかは、別なんですね。

そうですね。あとは友達と真剣に話し合ってもしょうがないと考えている人や、本音で話せるのはTikTokで不特定多数に対してだけという人がいたり。また、P10でも話題になりましたが、悩みを打ち明けようとすると「セラピースピーク」を使ってかわされたり、「そういう話はセラピストに話して」と言われることもあります。だから、友達にこそ本音が打ち明けづらいという側面も。

さらに、個人主義がゆえに、友達に悩みを相談したり助言を求めたりする人は「傲慢だ」「自分勝手で面倒臭い」と思われることがあります。愚痴を言うことも、アメリカでは「venting（ベンティング）」といってネガティブなことととらえられたり。相手の時間と労力を奪い、精神的苦痛を与え、ストレスをかけるからです。

でも、本来友達は相手に見返りを求めずに成り立つ関係のはず。損得勘定抜きに、友達が困っていたら助ける。日本だったら「お互いさま」で済むことも、アメリカの場合はそういう考えはほとんどないと感じます。

――バウンダリー（P12）の意識が、友人関係においてもしっかりとあるんですね。

そうですね。とはいえ、**悩みをすべて打ち明けたり自分の全部を知ってもらったりすることが〝真の友達〟かと言われればそうではない。**例えばどれだけ長く一緒にいる友達でも、自分と考えや価値観がすべて合うということはないし、今は気が合っていても、フェーズや環境の変化で考え方も変わっていく。だから、表層的な話になってしまったとしても、あまり気にしなくてもいいのかなと思います。

人間としての価値を、「生産性が高い」「人脈がある」と結びつけない

――読者からは、「自分の意見を受け入れてもらえるかわからず、だんだん自信がなくなってしまう」という悩みや、すぐに「すみません」と謝ってしまうという声も聞かれました。

アメリカだとそういう悩みを抱えている人は少ない気がします。「細かいことにいちいち謝っちゃダメ」と教育されたり、謝って自分が悪かったと認めることになることを嫌がる人も多いので、例えば自分が遅刻したとしても「待たせてごめん」ではなく、「待っててくれてありがとう」と言うようにしよう、などとポジティブに考えるような風潮はあると思います。

自分の発言を受け入れてもらえないと感じてしまうのは、自分だけに非があるのではなく、相手が聞こうとする態度を持っていないことも問題だと思います。だから、自分の意見に価値がないという思い込みをまず捨ててみてほしい。相手から否定されて「すみません」と謝っても、自分の意見は聞いてもらえるようにはならないから。

――根底には、「人に嫌われたくない」という思いがあるかもしれないですよね。特に今は、SNSを開けば日常的に誹謗中傷の言葉が飛び交っているし、人から嫌われることに過剰反応してしまっているのかなと。

それはよくわかります。私もネガティブな考えを持ってしまいそうになったら、**「私は全員に好かれているわけではないけれど、私も全員が大事なわけじゃない」という言葉を思い出します。つまり、自分にとって大事な人にだけ理解されていたらいいんです。**話を聞こうとしないのは相手が自分の価値をわかっていないということ。もちろん、自分の意見に価値があると思えるぐらいの根拠は必要ですが、自分を低く見積もらないことが大切だと思います。

――「自分の価値」ですか…。

日本では「自分は大したことない」とへりくだったり、自虐的な振る舞いをしたりすることで相手を尊重する文化があるので、特に女性やマイノリティは「自分には価値がない」と思わされている人が多い気がします。一方、アメリカの場合は「あなたは特別な存在なんだよ」と言われて育つ人が多いので、比較的自尊心を高く持っている人や、自信があるように振る舞うことを意識している人が多いと感じます。

そもそも人間の価値とは何かを考えると、どうしても資本主義と結びついてしまうんです。仕事の場面を考えるとわかりやすいですが、「生産性が高い」とか「人脈がある」とか、逆にミスをすると自分は役に立たないダメな人間なんだと落ち込んだり。そうした〝ジャッジ〟を友人関係や自らにまで当てはめてしまっていることで、〝資本主義的に価値があるかないか〟で判断してしまうのかもしれません。

――相手にとって意味がある存在にならなくてはいけないと思い込んでしまう。

そうそう。でも本音を言って受け入れてもらえないんだったら、その人と無理に一緒にいなくてもいいんです。**「私なんて」と自分を卑下していたら、自分が虐げられていることにも気づきませんから。**

「モヤモヤ」の感情を言語化することで、自分の発言に自信がつく

――相手に気を遣うがあまり、抽象的で曖昧な言葉を使って遠回しに伝える人も多いですよね。

だからこそ、相手を傷つけずに曖昧な関係を保てるというのはあると思います。**ただ、そうした態度を「自分自身の感情」に対して向けるのはどうだろう?と思います。自分が覚えた違和感や不快感、怒りの原因や**

背景にたどり着けなくなってしまうような気がするから。

私も、「なんか嫌だな」という気持ちをうまく言葉で表現できずにいたこともありました。ただ、フェミニズムやルッキズムなどを学んでいくうちに、嫌な気持ちの原因がわかり、社会の構造に目を向けられるようになりました。**だから自分の気持ちを言語化することは、人と関係を築く上でも大事なことだと思うんです。**

共感力や想像力が持てるようになると、むやみに「こんなこと言ったら嫌われるかな」とビクビクすることが減ります。「これを言っても大丈夫」と自分の発言にも自信がつくはずです。誰かと本音で言い合える関係を結ぶためには、まずは自分の感情に向き合って言語化することから始めてみてはどうでしょうか。

自分の価値を生産性や人脈と結びつけない

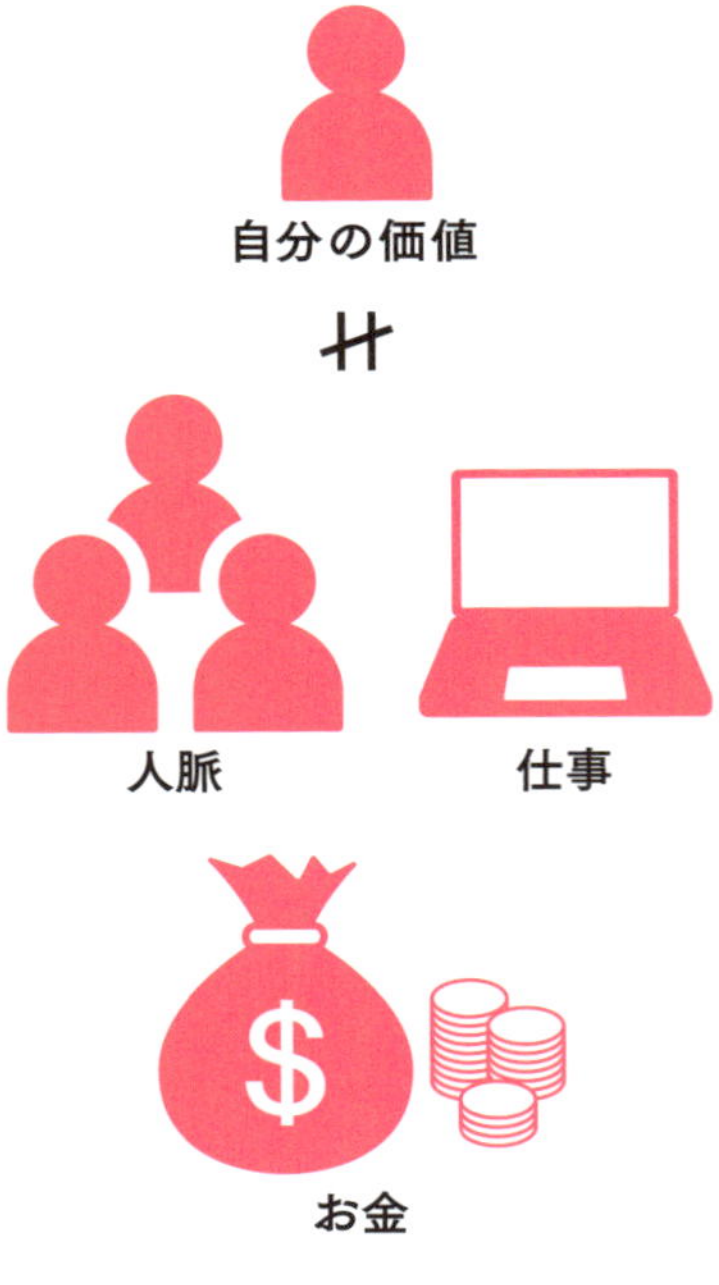

“SAHGF”

過度なルッキズムとメンタルヘルスとの関係。可愛くなければ価値がない？　その可愛さは誰が決めた？

〝可愛く〟なければ価値がない。資本主義や生産性と深く結びついている「ルッキズム」

日本に滞在していると、日本では女性が「容姿が可愛くないとダメ」と感じさせられているのではと思うことが多々あります。

――どのような場面でそう感じたのでしょうか？

特に、日本のタレントやアイドル、インフルエンサーが発信しているコンテンツを見たときにそう感じますね。**一部の内容には、根拠が明らかではない美容法（「特定の食品や成分を摂取するだけで劇的な美容効果が得られる」など）や過度な食事制限、美容整形に関する情報が含まれていて、それをカジュアルに発信していることに違和感を覚えました。**こうした情報がもてはやされるのは、それを知りたいと思うフォロワーや視聴者がたくさんいるからですよね。

――どうしてこのようなコンテンツが人気になるのだと思いますか？

〝可愛いと得をする〟という考えがあるからだと思います。そう感じさせてしまうのは、外見至上主義的な思想が資本主義と結びついているから。例えば、「見た目がよくなって、SNSで『いいね！』がたくさんつく＝インフルエンサーとしての市場価値が上がる＝スポンサーやPR案件が増える＝お金がたくさんもらえる」「美人になる＝お金持ちに好かれて結婚する＝裕福な暮らしができる」といった、〝成功（しているように見える）ルート〟がSNSを通じて拡散され、憧れの対象になりつつあります。

物価は上がっていく一方なのに、特に女性は、仕事をまじめに頑張っていてもなかなか給与は上がらず、男性と平等の待遇にもなりづらく、生活は楽にならない。だったら、「可愛いと思われる容姿になって、裕福な人に養ってもらいたい」という発想が生まれるのも、不思議ではないと実感します。

——なるほど。そこが資本主義や経済と結びついているんですね。

ただ、〝見た目が可愛いと得をする〟という考えが行きすぎると、整形依存や摂食障害につながりかねません。一部の人がダイエットにハマりやすいのは、自分で食べる量や吐く頻度をコントロールして、体重やサイズなど数字に結びつけて達成感を得やすいのも大きな一因。これも一種の〝生産性〟で、資本主義的な考え方がベースにあると思います。また、整形もわかりやすく見た目が変化するので、自分がレベルアップしたかのような錯覚に陥ります。

ただ、容姿に囚われるがあまり、自らを「醜い」と思い込み、ダイエットや美容整形を繰り返しても〝終わり〟が見つけられなくなって醜形恐怖症や鬱病になってしまう危険性もあります。

過度なルッキズムとメンタルヘルスの密接な関係

過度なルッキズムはメンタルヘルスと結びついているのに、その深刻さがなかなか語られないですよね。整形やダイエットに関する情報を頻繁に発信するインフルエンサーのコンテンツを見ると、「つねに自分磨きをしていて素敵！」といった称賛の言葉が並んでいて驚きます。

このような発信を続ける人たちの影響力が大きくなるほど、〝可愛いほうが得をする〟という考えが真理のような気がしてきてしまいます。**そしていちばん怖いのは、いつしか「可愛くなることは努力の証」「可愛**

くない＝努力が足りない人」と、見た目が人格に結びつけられてしまうことです。

――「容姿をよくする努力をしていない人が、〝成功〟しない、お金を稼げないのは仕方がない」と自己責任論のように片づけられてしまいそうですよね。

そうなんです。また、行きすぎたルッキズムのせいで、子どもの頃から親に容姿についてうるさく指摘されたり、親の理想的な見た目になったとたんに突然肯定されたりすると、「人から愛されないのは私の容姿のせいだ」「可愛くなれば愛される」と思い込んでしまう人も。**でも、その〝可愛さ〟とは誰が決めたのか？どうして可愛くないといけないのか？ということを一緒に考えてみたいと思います。**

〝可愛い〟の基準は誰が決めた？

日本で見られるような〝女性は可愛いほうがいい〟〝若いほうが価値がある〟という考えは、家父長制の価値基準に基づいていると言われています。家父長制は男性が家族や社会の主導的な立場となり、女性は男性の意見に従うことを期待され、外見に気を配ったり従順であることが求められる構造のこと。特に、〝若さ〟の象徴としての〝体が小さくて細い〟〝声が高くて言動が子どもっぽい〟といった要素を持つ女性が「モテる」構図は、男性が女性に〝子どもらしさ〟を求めていることを浮き彫りにし、よく問題として指摘されます。逆に強い口調や低い声で喋るような女性政治家などは、すぐに「ヒステリー」などと冷笑されたり、叩かれたり嫌がらせを受けたりしますよね。

この価値観から抜け出せないと、いつまでも女性は「若々しく、美しくいないといけない」という圧力に押しつぶされることになります。

ですが今は、男女平等の価値観が広がってきて、家父長制に対するまなざしも変化してきていますよね。女性の中には「整形やダイエットをするのは、モテたいからじゃない。〝理想の姿〟になって自分を愛したいから」と、あくまでも決定権は自分が持っていて、美の追求は自己表現のひとつ、セルフラブのひとつだと主張する人もいるでしょう。**とはいえ、そのなりたい顔や体は、社会の視線に合わせた〝きれい〟や〝可愛い〟が基準になっているかもしれません。**

――ちなみにアメリカには、日本のような〝可愛い〟や〝モテ〟といった概念はないのでしょうか?

「守ってあげたくなるような弱い存在=可愛い」といった概念は、基本的にあまりないと思います。〝弱い存在〟を求めるのは、〝有害な男性性〟から来る支配欲や、男性の自尊心の低さからきている証拠であるとされていたり、女性に〝弱さ〟を求めるのはそもそもセクシズムの一環として批判されます。

男性に搾取され、利用されるのも、本質的に女性にとってはリスクが大きい。ヘテロセクシュアルな恋愛の場合、男女が平等な立場でないのは、あまりにも旧時代の家父長制度的であるとして、今では批判される対象です。

そのため、「守ってあげたい」と思われることは日本ほどポジティブに受け取られていません。また、「男性から人気がある女性のほうが価値がある」という発想自体、薄れてきています。男性からの視線を気にして自分の容姿を追求すること、自分の人生を構築することはやめようと思っている人も多いです。

ただ、多くの女性が男性目線から離れて自立を目指す中で、アメリカの一部では、伝統的な専業主婦に憧れる「tradwife(トラッドワイフ)」のムーブメントも起こっています。そして、それが若い世代にも影響して、「SAHGF(stay-at-home girlfriend)」になりたいという人が増えているんです。

ハッスルカルチャーの揺り戻しである「SAHGF」

――「SAHGF」はどのような人たちなのでしょうか？

恋人から完全に経済的に支えられている女性で、パートナーが働いているあいだは基本的に家事をしたり、自分の外見を磨くために多額のお金や時間を費やしたり、体型を維持するためにジムやピラティスに頻繁に通ったりする傾向があると言われています。「SAHGF」という言葉は2022年頃からTikTokを中心に使われるようになり、一時期トレンドになりました。彼女たちが発信する動画には賛否両論あります。

婚姻関係にない中で、完全に経済的に依存していることのリスク、ダイエットのために一日中固形物を食べずにスムージーやお茶ばかり飲んだり、体型維持のためにピラティスやジムに過剰に通ったりすることの不健康さ、〝キラキラ〟に見せようとしているけれど、その投稿者自体が幸せではなさそうという意見もあり、さまざまなことが問題視されていました。さらに、「tradwife」の概念を復活させようとしているのは、基本的に保守的な政治思想を持った男性たちであり、そのプロパガンダに若い女性たちが巻き込まれてしまっている危険性も、かなり議論されています。

――伝統的な性別役割が見直されている中でなぜ今、「SAHGF」が若い世代の一部に支持されるのでしょうか？

アメリカのZ世代の多くはパンデミックの影響を不当に受け、雇用に不安を抱えていることが大きな理由だと思います。将来、家を購入したり、家族を持つという夢も描きにくい。「SAHGF」の女性は、伝統的な性別役割を担うことで、裕福な男性に養ってもらい、仕事至上主義（ハッスルカルチャー）のストレスから解放されて、安定して穏やかな暮らしができると提案しているのです。

もちろんすべての女性がバリバリ働かなければいけないとは思いません。どんな生き方をするのか選択するのは自由です。ただし、「tradwife」信仰や「ＳＡＨＧＦ」が、容姿を男性目線に合わせることや、男性への従属を促進していることと密接に結びついている点には注意を払うべきだと思います。

表層的な関係は、孤立を深めるだけ。生きづらさを作るサイクルに加担しないために

――画一的な美の基準やルッキズムから離れるためには、どのような考え方が助けになると思いますか？

ダイエットや整形によって外見は美しくなっても、結局見た目だけを評価する人に気に入られるだけで、自分の内面を見てくれる人が増えるわけではありません。表層的なつき合いは孤立を深めます。ルックスで判断しない人がそばにいてくれるほうがメンタルヘルス的にもいいはずですよね。

また、見た目にとらわれて「〇〇さんみたいになりたい」と思って努力しても、ほかの人と似た容姿になるだけで、本当の自分がいなくなってしまう。みんなが憧れる顔は時代によっても変わっていくので〝ゴール〟が動き続け、満足感が得にくい。

また、**〝画一化された美〟は自分を否定するだけでなく、他人を否定する基準にもなってしまう。**人を見た目だけで判断してしまうと、生きづらい社会の負のサイクルに加担することになります。当たり前のことですが、人間は外見がすべてではないですよね。その人が持つユーモアや価値観、知識などのいろんな魅力、側面がある。**外見だけを見て人を判断していたら、自分と話が合う人や親身に向き合ってくれる人と出会うチャンスをなくしているかもしれない。これはとてももったいないことではないでしょうか。**

〝可愛い〟や〝きれい〟は経済活動や社会的な評価と複雑に絡み合っています。自分にとっての本当の幸せに気づくこと、自分自身の価値観やメンタルヘルスを大切にすることが、ルッキズムに振り回されない自分になるきっかけになると思います。

“Food is food”

「食べものは食べもの」という考え方。ダイエットカルチャーの変遷から考える食とメンタルの関係性

「ボディ・ポジティビティ」から「ボディ・ニュートラリティ」へ

アメリカでも日本でも、日々さまざまなダイエットカルチャーやフィットネストレンドが生まれていますよね。振り返ると2000年代はローカロリーとかファットフリーといった言葉をよく耳にしていましたが、今アメリカではカロリーを極端に制限することは不健康だという認識が広がりつつあります。**一方で、ヘルシーで健康的な生活を意識するあまり、ハードな筋トレを毎日してプロテインを過剰にとったり、「炎症作用」のある食材等を厳密に避けたりする人もいて、そのように一見健康的に見えても、食事や体型に執着していることが、ある種の摂食障害ではないかと指摘されているんです。**

――日本でもプロテインが配合されている商品が増えましたが、適量を超えて過剰に摂取しすぎるのはどうなのかと思いますよね。

SNSでは、プロテインだけでなく「1日にスムージーとスープなどの液体ベースに少量のフルーツしか食べない」とか「生の肉とバターしか食べない」みたいな極端な人も見かけます。エンゲージメント稼ぎのための炎上商法とも考えられますが、少し前に流行ったジュースクレンズのように、バランスの取れた普通の食事ではない風変わりなダイエットトレンドに振り回される人もいまだにたくさんいる。

――こうしたダイエットトレンドが次々に生まれる背景には、どのような原因があると思いますか？

長年、広告やSNSなどで痩せたモデルや俳優が起用されていて、〝スリムな体型＝きれい〟といったひ

とつの美の基準が定着し、それを見た若い女性が過度なダイエットにハマってしまったり、摂食障害に陥ってしまうことはいまだに根強い社会問題です。アメリカはいろんな人種の人がいて、体格がそれぞれ違うので日本ほどではないものの、**体型や容姿を批判する「ボディ・シェイミング」や外見至上主義の「ルッキズム」もいまだ根強く、肥満恐怖症・嫌悪症（ファットフォビア）も社会に染み付いてしまっています。**

そんな中でも近年は美の多様性が認められるようになり、「太っていても痩せていてもどちらでもいい。自分の体を愛そう」という前向きなメッセージを込めた「ボディ・ポジティビティ」がムーブメントになりました。

――企業の広告やファッションショー、雑誌でもさまざまな体型の人が起用されるようになってきましたよね。

アメリカではプラスサイズのバービー人形が発売されたり、シャンプーやボディソープで有名なブランド『Dove（ダヴ）』が「セルフエスティーム（自己肯定感を高める）プロジェクト」として若者の自己肯定感を上げるための資料を配布したり、さまざまなブランドが多様な体型のモデルを起用したりと、大きな企業がいろんな取り組みを行ってきました。

「ボディ・ポジティビティ」は〝スリムな体型＝きれい〟といったステレオタイプによる苦しみから解放されて、誰かと比べるのではなく自分の基準で体型の見方を変え、前向きに受け止めようと伝えています。ただ、「自分の体を愛そう」というポジティブなメッセージをプレッシャーに感じる人もいました。**長い間自分の体型やサイズを受け入れられなかった人にとって、「自分の体を愛そう」と言われてもなかなか難しい。そして、できないことでまた自信を失ってしまう。そうした中で、「ボディ・ポジティビティ」から派生した「ボディ・ニュートラリティ」という考え方が広がりつつあります。**

――「ボディ・ポジティビティ」との違いはなんでしょうか？

「ボディ・ポジティビティ」は自分の外見や体型に対するコンプレックスをポジティブに受け止めようとする考え方ですが、**「ボディ・ニュートラリティ」は体のサイズや見た目をわざわざ祝福したり、無理に「愛する」ことを頑張らず、つまりニュートラルなスタンスを取る考え方です。「ボディ・ポジティビティ」のような前向きな気持ちを強要しないことが、長年ボディ・イメージに苦しめられてきた人たちに寄り添うものとして受け入れられています。**体の機能や中身に主眼を置き、見た目に振り回されない価値観として、革新的な可能性を持つと思います。

アメリカで爆発的に流行っている「オゼンピック」とは?

――アメリカではいろんな体型の人が自分のコンプレックスを無理に肯定しようとせず、受け入れはじめているのでしょうか?

今はまだ「ボディ・ニュートラリティ」の認知度が高くないので、これからかなという感じはあります。実際にZ世代を中心に人気を集めているのはベラ・ハディッドのようなスリムな体型のモデルですし、キム・カーダシアンやアデル、ミンディ・カリングが激痩せしたときには話題になりました。**スリムになったセレブの中には、公表していないけれど、「オゼンピック」を使ってサイズダウンした人もいるとも噂になっているんです。**

――「オゼンピック」とは何でしょうか?

もともと糖尿病患者のために作られた薬なのですが、副作用で食欲が減退する効果などもあり、それがセレブを中心に、痩せるための薬として広まってしまったんです。〈※1〉

――「オゼンピック」は簡単に手に入るものなのでしょうか？

処方には医師の診断が必要で、さらに高額（アメリカだと30日分で約1000ドル＝約14万円〈※1〉）なので、今はまだ一部のあいだでしか広まっていないと思います。ただ、「オゼンピック」によって減退した食欲は薬の投与をやめれば戻るので、体重をキープしたいのであれば「オゼンピック」を投与し続けなければなりません。

そして、長期間の使用にどれぐらいの健康リスクが伴うのかはまだ誰にもわかっていない。かなり危険性が高いとも言われています。加えて、本来糖尿病などの人が必要としている薬なのにもかかわらず、ダイエットのために服用したいという人たちの影響で品薄になっていることも大きな問題になっています。

――「オゼンピック」があまりに人気になってしまったため、ジェネリック版や偽物も出回るようになっているというニュースもあるようですね。それに、一部のお金を持った人が買い占めて、本来必要としている人の手に渡らないことは問題ですね。

アメリカでは地域によっては、「オゼンピック」のような薬はおろか、生鮮食品が手軽に買えるようなスーパーがなくて不健康なファストフードや加工食品しか手に入らないような、「food deserts（フードデザート）」と呼ばれる場所もあります。**つまり健康的な食事をしようと思ってもできない人が、制度的な理由、政治が絡んだ地理的な理由で（特に貧困地域に）たくさんいる。**

ロサンゼルスにある超高級スーパーマーケット『Erewhon（エレウォン）』を知っていますか？　品質のよいオーガニック商品やグルテンフリーの食品等、いわゆる〝オシャレなイメージの商品〟をメインにしているのですが、顧客には健康意識の高いセレブが多数います。ヘイリー・ビーバーとコラボしたスムージーは1杯約20ドル（約2800円）〈※2〉とかなり高額。『Erewhon』で買い物をすることが一種のブランド的ステータスで、わざわざ仕事を掛け持ちまでして『Erewhon』での買い物を続けるという若者たちの存在も話題になりました。〈※2〉

——仕事の掛け持ちまで……！　ダニエルさんの話を聞いていると、健康的な食事をとること、スリムでいることがかなりハードルの高いものに思えてきました。

昨年さまざまな体型や肌の色、職業の人々が生き生きと暮らす世界を描いた映画『バービー』が大ヒットしましたが、実はそのブームの裏側では、「バービーボトックス」が流行したんです。いわゆる典型的な痩せ型のバービー人形のような細く長い首になりたいという願望を抱く人が増え、僧帽筋にボトックスを注射するトレンドが生まれてしまったのです。〈※3〉

——そういったことを助長する内容の映画ではなかったのに……。

アメリカではファットフォビアの概念がいまだに根強く、「ボディ・ニュートラリティ」に行き着くにはまだまだ道のりが険しいと感じます。痩せられるツールはいろいろあるのに使わないでいると、「太っている＝努力不足」ととらえられてしまうようなことは今でもあります。日本での「可愛くなるために努力しないと認められない」状況と同じですね。

俳優やセレブが痩せて称賛されるのを見たり、食事制限を強制する親の影響、インフルエンサーのライフスタイルを真似ることなどによって、結局「痩せていること＝いいこと」といった価値観が無意識にも支持され続けているんだと感じてしまいます。

「いい」も「悪い」もない。「食べものは食べもの」という考え方

――アメリカは日本よりも医療費が高額なので、病気を防ぐためにフィットネス文化が根づいていると聞いたことがあります。痩せるよりも鍛える意識が日本より強い気がするのですが、実際はどうでしょう？

確かにそういう面はあると思いますが、フィットネスインストラクターの中には「お尻を大きくしよう」とか、「お腹を引き締めよう」とか、見た目を変えるために体を鍛えようと呼びかける動画コンテンツで人気を博している人がいまだにたくさんいます。

もちろん批判の対象にはなっていますが、体型を変えたいと思う人にとっては魅力的に映ってしまいますよね。健康的な体づくりよりも、スリムな体型、マッチョな体型になりたい、という〝目に見える〟目標を持った方が運動のモチベーションが湧きやすいという理由もあると思います。

２０２３年、**Z世代の女性の中で「pink pilates princess（ピンクピラティスプリンセス）」というフィットネスのトレンドが一部のインターネットの界隈で話題になりました。**「ピラティス＝痩せる」といった偏った認識が広がり、サイズダウンするためにピラティスに勤しむ、そしてピンクのウエアに身を包み、ピンクのタンブラーを持ち歩いて、「#pinkpilatesprincess」のハッシュタグをつけてSNSにアップする。フィットネスがただの見栄えを競うためのツールにしかなっておらず、これによって歪んだボディイメージや誤った健康知識が広まり、過激なダイエットや摂食障害などの、多くの若い女性が抱える問題につながると言われています。

――映えるウエアや小物を買って写真を撮ることも、本来のフィットネスの目的から離れているような。

そうですね。ボディイメージが変わりつつあっても、社会的なプレッシャーからくるダイエット願望はな

かなかなくならないんだと実感します。でも、**インフルエンサーの中には「痩せることにとらわれて筋トレばかりしていたときがいちばん不健康だった」とか「食事を極端に制限して、ジムに行かなきゃいけないという強迫観念を常に抱いていた」とカミングアウトする人も増えてきました。**その中で「food is food（フード・イズ・フード）」という言葉がすごく重要だなと思うんです。

――「Food is food」とは？

「食べものは食べものであって、いいも悪いもない」ということです。例えば、〝good food〟や〝bad food〟〝guilt free〟〝clean food〟といった言葉が頭から離れないと摂食障害を引き起こしたり、過度なダイエットに陥りやすいと言われています。ダイエット中の人がジャンクフードを食べたら、「私はなんて悪いことをしてしまったんだろう」と自分を否定したり、「今日は夜ごはんを抜かなきゃ」と過度な罰を与えてしまう。

――お菓子を食べていると罪悪感を抱いてしまったりしますよね…。

要はバランスであって、食べものにいいも悪いもないはずなんです。食べものは空腹を満たすためだったり、満足感を得たり、仕事や家事をこなすために必要なエネルギーを摂取するためのものです。食べものの選択によって自分を責め続けると、次第に食べることをポジティブに受け止めにくくなってしまう。

摂食障害の治療では、食べものと中立的な関係を築くことを目指すと言われています。食べものは体に栄養を与えるものであり、バランスよくさまざまな食材を食べることで不安や恐怖を軽減する。特定の食べものに対して罪悪感や恥ずかしさを感じることなく、**すべての食べものを「栄養」として、ニュートラルに向き合うこと。「food is food」の考え方を知ることで、私たちは食べることをもっと楽しめるのではないでしょうか。**

食べものは食べものであり
いいも悪いもない

〈※1〉https://www.newyorker.com/culture/2023-in-review/the-year-of-ozempic
〈※2〉https://www.thecut.com/2023/04/erewhon-addicts.html
〈※3〉https://edition.cnn.com/style/what-is-barbie-botox/index.html

“Toxic positivity”

過剰な〝ポジティブ思考〟がもたらす悪循環。ネガティブな感情を受容することで見えるものとは？

〝ポジティブでいなきゃいけない圧〟の弊害

未曾有のパンデミックによって多くの人が不安を抱えやすくなった2020年頃から「『自分は助けを必要としている』と言えるようになろう」という動きがアメリカで広がりましたが、同時にその中で「toxic positivity（トキシック・ポジティビティ）」という言葉が注目されるようになりました。

――「トキシック・ポジティビティ」とは具体的にどのようなことを指すのでしょうか？

「有害なポジティブさ」という意味で、さまざまな困難な状況に陥っている人に対して楽観的であることを過度に強いるなど、「ポジティブであることこそが最重要である」と考える社会的価値観の有害性を指します。

――楽観的なことはいいことのようにも思えるのですが、どうしてそこまで問題視されているのでしょうか？

もちろん、ポジティブであることを否定しているわけではありません。でも、人は誰しもつねにポジティブでいられるわけではないですよね。経済的に困難だったり、病気を抱えたり、愛する人を失ったり、ハードな労働環境に置かれたり。後悔や怒り、悲しみ、つらさ、喪失感といった精神的苦痛は誰でも味わうことがある。それなのに、**いつでも「ポジティブでいなければならない」というプレッシャーを感じていると、ネガティブな感情に罪悪感を覚えてしまい、本当の気持ちを無視してしまうことになります。**

——ネガティブな気持ちに蓋をせず、きちんと向き合ったほうがいいということでしょうか？

そうですね。例えばセラピーに行くと、ネガティブな気持ちを抱えることは悪いことだとは言われません。なぜなら、ネガティブな感情を抑圧し否定することは、不安や鬱、身体的な不調につながる可能性があると言われているからです。つまり、**ネガティブな感情を含め、自分で自分の感情を受容することは精神的な健康を得るために必要なこと。「ポジティブでいなければ」と思い込んでいると、本当の気持ちに向き合えず根本的な解決に至りにくくなります。**だから、「トキシック・ポジティビティ」と言われ、過剰なポジティブ思考は有害だと指摘されるようになったのです。

——過去に『ポジティブ病の国、アメリカ』（バーバラ・エーレンライク著）という本が出版されていたこともあるくらい、アメリカはプラス思考を強いられやすい社会だったのかなと思います。

楽観的、前向きであるほうがよいという先入観は根強いかもしれません。友人の話を聞くのをうまく断る「セラピースピーク」が流行っているという話もしましたが（P8）、基本的にネガティブな話は聞きたくないという人は多いと思います。愚痴や弱音を吐くと「バイブスが悪くなるから言わないで」とか、「そんなにつらかったら、お金を払ってセラピストに聞いてもらったら？」という人も。また、勇気を振り絞って親しい友人にネガティブな気持ちを吐露しても「どうして解決しようとしないの？」と強い口調で言われることもある。そうすると、なかなか本音が言えなくなってしまいますよね。

ハッピーでいなきゃいけないという無理強いや、社会的な圧力が過剰なレベル（トキシック）になると、相手を傷つけることにつながる。上司に怒られて落ち込んでいる人に向かって「いつまでもくよくよしないで、前を向こうよ！」とか、過酷な労働環境にいる人に対して、「この経験が将来きっとあなたの役に立つ日が来る！」と言うのは相手を思った励ましの言葉のようにも思えますが、その人の感情を否定していることになる。

言われた本人は自分の本当の感情を正直に語りにくくなり、「ネガティブな感情を持ち続けていることは自分が選択したことで、不幸せな状況に陥ったのは自分の責任である」と感じてしまい、さらに悪循環に陥る可能性があります。

苦しいときも笑顔でいることが〝正義〟ではない

本当はつらくて悲しいのに「いつまでもくよくよしていないで、前を向こう」という圧力を受けるのは何の問題解決にもつながりませんよね。**感情を抑圧することで社会への苛立ちや不満が表出しにくくなり、本当に必要な根本的解決のためのサポートから遠ざかってしまいます。**

そして人から話を聞くときも、ネガティブな感情を受けとることを拒否してしまうと、相手の本心を知ることはできません。本当の問題から目を逸らさせる言葉をかけるのではなく、**落ち込んでいる人のネガティブな言葉を否定せず、傾聴することがまずは大事だと思います。**

――「くよくよしないで前向きに」と言うことで相手にプレッシャーを与えていないか今一度考えたいですね。

そうですね。「トキシック・ポジティビティ」が認識されはじめてからは、ポジティブ大国のアメリカでも、Z世代を中心とした若者のあいだでは「絶望」の感情は当たり前のものとして存在していて、ネガティブであること自体が否定されにくくなってきているとも感じます。

少し前まで、SNSなどではセレブやインフルエンサーが完璧な姿や誰もが羨むような生活を切り取った写真をアップしていたけれども、最近は肌荒れの悩み、パートナーと別れて傷ついている様子などをリアルに映し出すようになってきました。エマ・チェンバレンのように自虐的なジョークを飛ばしたり、弱音を吐いたり、自分のネガティブな面もオープンにできる人に支持が集まるようになっています。

ＳＮＳで映し出される日常が〝映え〟〝憧れ〟といったものから、〝自然体〟〝共感〟に変化している。これはつまり、人間はつねにポジティブなわけではないし、完璧なわけではないんだということにみんなが気づいていることの表れだと思います。もし「つねにポジティブでいなければならない」という考えを自分に課しているのなら、その考えを手放してみるのはどうでしょうか。

「苦しい状況でも笑顔を絶やさず気丈に振る舞うのがいいこと」、と思い込むのではなく、「どんな人でもポジティブではいられないときがあり、ネガティブな感情を抱くことがあるのは当然である」。それを自分がまず認めることで、人に対しても寛容でいられるようになると思います。

竹田ダニエル 対×談 大田ステファニー歓人

ネガティブな感情の動きがあるほど、人生は豊かになる

ダニエルさんがずっと会ってみたかったという同世代の作家、大田ステファニー歓人さんを迎えてスペシャル対談が実現しました。作家として、発信する立場として、どのように言葉を使い世界の事象と向き合っているのか、一緒に考えていきます。

作家

大田ステファニー歓人

1995年東京都生まれ、東京都在住の作家。『みどりいせき』で2023年第47回すばる文学賞、2024年5月に第37回三島由紀夫賞を受賞。同時期に第一子が誕生。SNSなどでパレスチナ問題についても積極的に発信している。

発信することのプレッシャー、SNSでの言葉の受け取られ方について

ステファニー　ダニエルさんのことはXの投稿で知りました。こんなにいろんな事象を解像度高く解説してる人がいるんだって。自分がすばる文学賞贈賞式でスピーチをしている様子をXでポストしてくれたときは「わ！　あの竹田ダニエルだ！」ってテンション上がりました。

ダニエル　私、ステファニーさんがどういう人なのかまだわからないときにXでお名前を知ったんですが、最初はパロディーアカウントかな?と思っていました（笑）。宇宙語みたいな投稿をしていたり、バイブスもギャルっぽくて、面白いし興味深いなと思って仲間のあいだでも話題になっていました。

ステファニー　やば（笑）。

ダニエル　でも、ステファニーさんのポストを見ていたら、ガザのことを熱心に発信していたり、小説を書いてる人だと知って興味が湧いたんですよね。

ステファニー　自分は勝手に竹田ダニエルさんはマ・ドンソクみたいにタフな人って決めつけてたんすよ。だってネットで発信を続けるってすごいエネルギーがいるじゃないですか。自分は小説を出してすぐにSNSのアカウントを開設したんですけど、今は息切れしてあんま投稿できてないんすよね。昨年（2023年）10月からガザ侵攻が深刻になって黙っていられず、SNSで発信してたけど、赤（子ども）が生まれてからはその命守んのでへとへと。スマホ触ると苛立つのでネットから離れてます。仕事の告知やガザの状況を発信したいのに、体力を赤で使い果たしちゃってて。ダニエルさんはSNSの発信はどうやって折り合いをつけてるんすか？

ダニエル　正直に言うとXはメモ代わりにしているところがあるんです。後からじっくり読み返したい記事とかその時々で知った情報を忘れないために投稿したり。あとは「文章を書く」という練習にもなります。**「私はこういう人です」という自己開示ではなくて、自分が興味のあることをポストしてそこから新たな仕事につながることもあるから、次のステップへのツールという感じ。**

ただ、代弁者のように発信することを期待されるのは正直ダルいと感じるかな。何かしらの炎上がネット上で発生するとき、「竹田ダニエルさんが声を上げてくれるはず」「言及しないなんてがっかりです」みたいな期待の声もよくあって、そういうのも度が過ぎると期待よりも勝手に押しつけられた使命みたいになることもある。社会問題全部について言及することは不可能だよ、とは思いますね。

「ネットで建設的な議論ができる」という幻想は忘れたほうがいい

ステファニー　本来はSNS楽しめるタイプというか、感情とか思いを言葉にすることで自分の状況が整理されて救いになることもあったんです。**けどフォロワーが2万人を超え、だんだん自分のためでしかなかった発信を受け取られることに責任を感じるようになったんですよね。**「勇気もらいました」ってリプ頂いても、なんか申し訳ない。

ダニエル　期待を裏切るかもしれない、みたいな気持ち？

ステファニー　うーん、そうなのかも。

ダニエル　私の場合、**「学びになりました」とコメントをくれる人もいるのですが、そういう人は遅かれ早かれ私の発信以外で学びの機会を得るはずだと思ってるんですよね。だから、発信することのプレッシャー**

はあまり感じない。それは私がこれまで教員やチューターー、メンターのような形で人に接してきて、「ここから先はあなた自身が考えてね」と切り離すことに慣れているからかも。ステファニーさんは、ポジティブな反応にプレッシャーを感じるよりも、自分への攻撃に傷つくことはないですか？　私はそちらのほうにすごく心が揺らいでしまう。

ステファニー　攻撃する人って見てる世界が違いすぎるから相手したくてもできないっす。X始めた頃、「ステファニーきも」とか言われたらイラついてたけど（笑）、そういう人のタイムラインって覗きにいくと1日に100回とか呟いてて逆に大丈夫かよ、って冷める。**攻撃的な方にはかかわらないように努力してます。間違いとか至らない表現への指摘とかはめっちゃ救われてます。**

ダニエル　ステファニーさんは独特でパワフルな文体の作品を発表されていますが、読者にきちんと伝わるだろうかという不安は感じないですか？

ステファニー　**小説なら伝わらなくてもいいんですよ、好きに書いたから好きに読んでもらって。**意地悪な感想届いてもまずは「全部読んでくれたの⁉︎　マジありがと！」って。

ダニエル　「面白くない」と言われたら？

ステファニー　合わなかったんだなって思おうと頑張るっす。全員に受け入れられたくて作品を作っているわけじゃないから、建設的じゃないネガティブな声は気にしないようにしますね。でもそも自分には自己防衛フィルターみたいのがあって、褒めのレビューしか目に入らないんすよ。

ダニエル　その才能欲しい（笑）。私は悪いコメントばっかり目に入っちゃうから。

ステファニー　ダニエルさんはエッセイを書くときに意識していることありますか？

ダニエル　伝えることに対してはもちろんベストを尽くすんですが、ひとつのテーマを語る上で、当然のことながらすべての事象をカバーするなんてできないから、締め切りギリギリで力尽きることが多いんです。**ただ、私の場合は自分の気持ちを伝えたいというよりも、怒りが原動力になってるのかも。**

「今のアメリカではこれが流行ってる」「こんなふうに支持されてる」といった表面的な、もしくは偏向的な情報が日本で拡散されていると、「いやいや」と訂正したくなる。「こういう見方もあって、こういう意見もあるよ」と発信すると、「アメリカに住んでる特権階級のやつが、上から目線で意見を言っている」と言われたり、私のコメントが雑に切り取られて間違った形で広がっていったりして驚くんです。こちらがどれだけ気をつけても、人は自分の都合のいいようにしか情報を受け取らないんだなと思う。

ステファニー　向きは違うけど、自分も怒りが原動力になってるかもしれない。でも自分の場合、原稿ならまだしもSNSで怒りに任せると暴言吐きまくっちゃうから、最近はネットとかニュース見て怒りしか湧いてこないし距離取ってます。**疲れてたりで怒りをうまくコントロールできなそうなときは気軽に発信しないように。**

ダニエル　攻撃してしまいそうだからと自覚して離れられる人は少数派ですよね。**日本のインターネット空間ではオープンマインドに議論を受け入れられる土壌があまりないと思う。**感情論やパーソナルな攻撃ではない、建設的な議論はなかなか生まれませんよね。

ステファニー　**敬意を払い合った会話や議論ってSNSの空間においては幻と思ってます。**SNS見てるとイラついたり暗くなったりイラついたりでダルいっす。

ネガティブな感情の動きがあるほど、人生は豊かになる

ダニエル　ステファニーさんは、ＳＮＳでガザ侵攻について発言したり、文学賞の授賞式にケフィエ（パレスチナ伝統のスカーフ）を巻いて登場されるなど、積極的に政治的な意見表明をしている印象があります。

ステファニー　会見は注目を浴びるから、パレスチナのこと知ってもらいたかった。去年（２０２３年）、ガザの状況や歴史を知って罪悪感で心凍ったっす。でもまだ知らない人もいる。**共感って人の痛みを受け入れて自分のものにすることでもあるから簡単じゃない。日本人同士ですら共感し合えてないし、そもそも共感以前に社会や世界へ関心がない。**せっかく大勢の目に触れる機会が回ってきたし、パレスチナのこと知ってもらうためにフックにならなきゃって。

ダニエル　アメリカでは文学界のようなアカデミックな世界にいる人こそ声を上げないことが多いんです。パレスチナ擁護の声を上げると、利権的な問題で職を追われる可能性があるから。

ステファニー　そうか。アメリカのかかわり方含め、パレスチナには世界中で紛争や弾圧が起きる理由というか、人類全体が乗り越えるべき問題の本質がどれも現れている気がして。植民地主義、差別や弾圧。大勢の無関心。この歪みを修正しない限り人類には未来がないと思う。

だからガザの人もイスラエルの人も自分と無関係とは思えない。おむつ替えてても頭の吹き飛んだガザの赤ちゃんの姿が脳裏に浮ぶ。２０２４年５月に三島由紀夫賞を獲ったのに、あんま素直に喜びきれてなくて、受賞会見ではせめて苦しんでいる人がいる現実を知ってもらいたかった。

一方で、何をやっても無駄なんじゃないかって絶望感に襲われそうになるのもよくわかる。この本の中でも

紹介している「ドゥーマー（P78）」の話を読んだら、まさに学生時代の俺だと思いました。当時の自分は冷笑的で、自分の人生に責任を持てないし、世界とかどうなってもよかった。でも妻が妊娠したらSNSでタイムリーに流れてくるガザの状況をスルーできなくなって、だからパレスチナ問題を勉強するようになったんです。

ダニエル　ステファニーさんは過去のインタビューで「日本は悩まないで生きようと思えばいくらでも悩まずに生きられる世界じゃないですか。そういうノーテンキな暮らしはほかのやつに任したって感じで自分が苦しんでもいいから本当の自由が欲しいと思った」と書かれてましたよね。すごく共感するものの、そこには強烈なつらさや痛みも伴うだろうと思ってて。

というのも、この本がテーマにしている〝「新しい言葉」を知って「新しい世界」を知る〟ということと似ているんだけど、**本当の自由を得るためには、今何が自由を妨げているのか知らなきゃいけない。それを知ることで、絶望を感じてしまうかもしれないけど。**

ステファニー　そうっすね。けど絶望して、落ち込んだり、鬱っぽいのとか日常だし、しんどいのダルいけどいつも通りです。自由って、宇宙の中を一人ぼっちでふわふわ浮いてるイメージで、自由だけど同時にポツンって孤独でこわい。

自由と孤独は光と影で表と裏というか、孤独は絶望とか恐怖を連れてくるけど、暗くて深淵の底が見えないのは宇宙が無限に広がってるからで、寂しいの我慢すればどこまでも行けるし、逆に元気ないと自分の座標を見失う。**けど、そういうネガティブな感情の動きがあればあるほど、人生は豊かになる。で遠くへ行ける。**

「管理しやすい羊として飼い慣らされてる」という危機感

ダニエル　ステファニーさんの話を聞いていると、ネガティブな感情を受け止めて、傷つくことを恐れない姿勢を感じます。でも、多くの人にとって自分の非を認めるってすごく難しいことだと思う。例えば間違いを指摘されて、逆ギレする人っているじゃないですか。傷つくのが怖いのか、恥をかくことに対して異常に恐れているのか。

ステファニー　日本は失敗を許さないし、子どもの頃から「協調性を持って生きろ」って教えられるから、間違いを認めることに恐怖心がある。**でも、間違ったり傷つくことを避けようとしたら、何の情報も入ってこない。**

自分はガザ侵攻が始まってからパレスチナの歴史を調べ、無関心だった罪悪感に苦しんだ。でも、のうのうと暮らすよりマシ。けど何かが起きたとき、つらいの覚悟で自分から学ぼうとする人って少ないのかも。自分から学ぼうとしないから、今持ってる情報でしか世界を見ないし、自分と違う意見や見方を持った人が来たときに、受け入れる姿勢がない。

ダニエル　そうですね。あと「善意を周囲に認められたい」、「悪者になりたくない」という意識も強く感じる。

ステファニー　何か声を上げるにしても、「みんながやってるから自分もやる。みんながやらないから自分もやらない」だと何も変わらないとは思うっすね。なぜ、こういうことが起きてるのか自分で学ばないと、他責思考になる。この社会が間違っているのは誰かのせいで、自分が働きかけてもどうにかなるわけじゃない。だから、声も上げないし、行動もしない。**社会の中で、管理しやすい羊としてめっちゃ飼い慣らされてるなって思う。**

ダニエル　権力者に対して、自分の権利をもっと主張していいのに。

ステファニー　それでいうと日本では人権教育を学校ではほとんど受けられない気がする。集団行動だけを叩きこまれて、個人の違いが悪目立ちしてしまうような環境の中にいたというか。

ダニエル　それだと自分の人権が蔑ろにされていてもなかなか気づきにくいですよね。日本はセラピーを受ける文化がまだあまり浸透していないから、自分の気持ちを言語化して相手に伝えるとか、行動原理を解説できる人が少ないと思う。**そもそもそういう言語化や内省を練習する機会がないと、閉じこもってしまうのも自然ですよね。でも、これってセルフラブを実践するうえですごく大事なことだと思うんです。**

ステファニー　わかります。最近自分は「これ、受け入れていいの？」とか「これは自分の気持ちに誠実な発言？」みたいな問いかけをしょっちゅうしてて。だから、ひとつずつの反応が鈍ったり時間がかかったりするんだけど、そういう葛藤がない人は多いっすよね。それが別にいい悪いとかじゃなくて、**自分の中で言葉を反芻しなくてもすぐに発信できる人って、自分のことが見えてないまま喋ってるんじゃないかなって思うんすよ。**昔の自分がそうでした。

思い通りに人をコントロールしたいという欲望は、めちゃくちゃグロテスク

ダニエル　日本では教えられた正解の範囲内であれば、すぐに言葉が出てくる人は多いと思います。小学校の道徳の授業で、正解っぽい発言や行動を教えられてきたから。私も日本の中学校に一時期通っていましたが、そのことに強い違和感を覚えました。

ステファニー　**自分の考えで声を上げることを知らずに受身のまま過ごしたら、社会に対しても関心も責任**

も持てるはずなんてないですよね。それなのに、責任持たないくせに、誰かミスったら全部「自己責任」って批判する。そのズレはヤバい。

ダニエル　すごくわかります。ちなみにステファニーさんは今年（２０２４年）５月にお子さんが生まれたばかりですが、そんな社会の中で子どもを育てるにあたって、こうしようと決めていることなどはありますか？

ステファニー　まずは、自分の気持ちを自分の言葉で話せるようになってほしいと思ってますね。まずは親の感情を伝えることで、どうしてこういう気持ちになるのか考えるだろうし、他者もいろんなことを感じているんだということを知ってほしい。そうやって相互理解が深まると、人とのつながりも強くなると思う。

だから、相手が子どもだからといって、上から一方的に教えるのは違うなと思う。「これしろ」「あれはするな」じゃなくて、「こういうことをされたらこんなに悲しい気持ちになる」とちゃんと伝える。それでどう感じるのかは本人次第なのかなって。ただ、それは大人に対してもそうだと思いますね。**自分の思い通りに人をコントロールしたいという欲望は俺にとってはめちゃくちゃグロテスクっす。**

流されず自分の気持ちを保つには、まわりに感謝すること

ステファニー　生まれたばかりの赤って自分で何もできないじゃないですか。１００パー、人の手を借りないと生きていけないし、お礼も言わないし生意気（笑）。でも妻と一緒に疲れ果てながら赤の欲求に応える営みに支えられてるんですよね。妻とはいえ他人で、まさか自分がこんなに他人と信頼し合って許し合って協力し合えるなんて、その感動で疲れ消えます。子育て以外でも、相手のリアクションに関係なく「何かしてあげたい」と思うことはありますよね。**例えば自分の機嫌がすごくよくて、無条件に人に優しくできちゃうみたいな、そういうポジティブなエネルギーってあるよなって。**

ダニエル　私も信頼している人から頼りにされると、無条件で頑張れるから、すごくわかる。きちんと結果を出して、それが人に認めてもらえなくても、いや本当は認めてほしいんだけど（笑）、でも見返りを求めずそういうことができるのは、純粋に相手に喜んでほしいからかも。

ステファニー　**そういう話を聞くと、感謝を伝えるってマジ必要だと思うんすよね。自分の場合、まわりに感謝するようになってから調子よくなったんすよ。**

ダニエル　日本ではレストランで食事をしても「ごちそうさまでした」とかコンビニで買い物をしても店員さんに「ありがとう」とか言わない人が多い気がします。逆にアメリカは「自分をよく見せたい」というカルチャーもあって、必ず感謝の言葉を伝える人が多い。

本心で思ってるかどうかは別ですが、例えばレジの人が雑に喋りかけてきたり、あんまり考えないで言葉を発していることが日常会話では多いかも。日本はその点、「本音と建前」とはいえども、言葉を選んで会話する文化は強いと思います。

ステファニー　日本では、人とのつながりを避けようとして、「ありがとう」も「こんにちは」も言わない人が多いですよね。自分は逆に、挨拶さえしておけばいいみたいのがあって、近所の人に挨拶してびっくりされたりします。

そう考えると、対面で挨拶もできないのに、相手の顔が見えないネット空間で冷静にやりとりできるわけがない。**まわりの人に流されずに自分を保つには、感謝が大事なのかもとも思うっすね。**

ダニエル　**感謝ってマインドフルネスとつながってる気がします。**アメリカの若者の間で一時期「gratitude notebook＝感謝ノート」というのが流行ったんですよ。今日感謝していることを書くというジャーナルで、不安やストレスに押し潰されずにコンディションを整える効果があると言われています。仏教でも「報恩感謝」という言葉があるように、心を感謝の気持ちに向けることは意味があることなのかも。

ステファニー　そうっすね。自分は子どもに「生きててくれるだけでうれしいよ、ありがとう」っていっぱい感謝を伝えていれば、本人が喜びを感じて、自然と人にも感謝するようになるんじゃないかなって思うっすね。

振り返ると、**言葉にしなくても察して空気読むとか、自分の話をあまりしないほうが奥ゆかしいと言われる価値観は、集団から弾かれないためだけのものだった気がするんすよ。**

ダニエル　確かに…。すごくわかります。

コミュニティの形成が孤独を救う

ダニエル　アメリカで暮らしているとコミュニティの大切さを痛感します。個人主義だし若者の雇用は不安定。物価も家賃も上がり続けているので、一人で生きるのはハードルが高すぎる。東京のようにすぐ会える距離に友達がいるわけではないから、孤立が深まりやすく、鬱の問題も深刻です。そんな中でZ世代の女性の中には、早く彼氏をつくって同棲したいとか、結婚したいという人が増えているんです。でも、それは家父長制を助長することにもなりますよね。

だからこそ、**男性に依存しながら生きていくのではなくて、ヘテロノーマティブ（人はみな異性を愛するのだという考え）ではなく家父長制的でもないコミュニティを考える必要があると思います。**

ステファニー　日本も少子高齢化が深刻だし、核家族化が進んでいる。社会の支援も少ない中では子育ても介護も不安しかないですよね。受け皿になるコミュニティもないなら、誰にも気を使わずに一人で生きていくほうが楽だし、人とのつながりを億劫に感じるほうが自然かもしれない。

でも、**子どもが生まれて育児してると、コミュニティ面倒臭いとかそんなのぶっ飛ぶっすね。孤立が深まっていく人に、救いの手を差し伸べる社会じゃないと思うから。**ダルくてもこっちから助け求めないと無視されちゃう。

ダニエル　それを聞いて私が唯一貢献できたかなと思うのは、いろんな友達をつなげてきたことかも。作家やミュージシャン、教員、研究者、フォトグラファー、モデル、会社員、大学生…いろんな友達がいて、業界や職種関係なく一緒に遊ぶんですよ。みんなといると、仕事と関係のないコミュニティがあるってやっぱりいいなと思います。

例えば、社会に出ると自分が働いている業界以外のことってあんまりわからないですよね。でも、違う業界の人と話してると「自分がいる世界は地獄だと思ってたけど、そっちの世界もやばいね（笑）」みたいに笑い合うこともできます。**新しい言葉を知って新しい世界を知るような、別の世界を知ることで、新たな視点を得られることもコミュニティのよさだと思う。**

ステファニー　そうっすね。

ダニエル　私の本を読んでくださった方の中には、「社会問題の話を会社の人や友達にできない」と感想を送ってくれる人もいるけど、これだけいっぱい人がいるんだったら、共通の話題で話せる人は絶対いるはず。例えば読書会とかデモに行ってみるのもいいと思う。会社や学校、家族だけじゃないコミュニティを育むことも大事。そうだ、今度友達と遊ぶとき、ステファニーさんも誘っていいですか。

ステファニー　え、自分もいいんすか!?　ぜひ!!

第2章

仕事とお金

"Lazy girl job"

仕事はただの〝ATM〟?「Lazy girl job」から考える、Z世代の働き方革命

仕事はただの〝ATM〟。いかにストレスなく働くか

アメリカではパンデミックを経て、2024年現在リセッション(不景気)が密かに進んでいると言われていて、働き方に対する価値観が変化しています。

――具体的には、どう変化しているのでしょうか?

以前だったら、いい大学に行って、いい会社に入ってまじめに働けば、家も買えて、家族も持てて、定年退職後にはのんびりして、という夢を描けましたが、今は物価が上がり、さらに雇用も不安定。ミレニアル世代(1981年~1996年生まれ)やZ世代(1997年~2012年生まれ)の多くはいい大学を卒業しても就職がなかなかできないし、就職できたとしてもいつクビを切られるかわからない。そもそも定年退職するほどの経済的余裕があるかもわかりません。

さらにどれだけ会社に忠誠心を誓って身を粉にして働いても、労働者は使い捨て可能なコマでしかない。**だったら、仕事は生活費を稼ぐだけのものであり、〝会社や仕事はただのATM〟と割り切って、いかにストレスなく働くかを重視する傾向が生まれていると思います。**

――やりがいやキャリアアップを求めることにはそこまで関心がないのでしょうか?

そうですね。以前、著書の中で「quiet quitting(静かな退職)」という言葉を紹介しました。これは本当に退

職するという意味ではなく、「会社で必要以上に頑張って働くことをやめよう」という意味が込められているのですが、**「lazy girl job（レイジー・ガール・ジョブ）」を見つけようとする若い女性が増えている**ことが最近話題になっています。

――怠け者の女性の仕事…具体的にいうとどういう仕事内容なのでしょうか？

フルリモートでフレキシブルに働けてPTO（有給）がついているとか、ベネフィット（手当や福利厚生制度）がよいとか、簡単な事務作業のみで済むとか、うるさい上司がいないとか…**身を粉にして必死に頑張らなくても、それなりに暮らしていける仕事**を指します。

――「Lazy girl job」はなぜここまで注目されるフレーズになったのでしょうか？

ある種皮肉な言葉だと思うんです。そもそも、ブーマー世代（1946年〜1964年生まれ）がミレニアル世代のことを「lazy（怠け者）」だと言い続けていた背景があり、それを間近で見ていたZ世代が、自らをあえて「lazy」と名付けることによって、他者から定義されないあり方を自分たちで決めようとしたんだと思います。**「怠け者」というとネガティブなイメージがあると思いますが、「lazy girl job」を見つけようとすることも、一種のアクティビズムだと言われています。**

自分の時間や心身の健康を犠牲にして名声やお金を得ることは虚しい？

「Lazy girl job」はミレニアル世代にもてはやされた「girlboss（ガールボス）」のアンチテーゼでもあると思います。

――「Girlboss」は2010年代、ミレニアル世代の女性起業家や経営者を指した総称ですよね。

一時期、コスメブランド『Glossier（グロシエ）』の創業者エミリー・ワイスや、血液検査を手がける企業『Theranos（セラノス）』創業者のエリザベス・ホームズなど、カリスマ性を持ったミレニアル世代の女性起業家がもてはやされましたが、パワハラや人種差別、脱税、虚偽などで訴えられたり、倫理的な問題で批判される人が続出しました。

エンパワメントの象徴であった女性起業家たちが、ある意味ネガティブな象徴になってしまった。それを見たZ世代の多くが、自分の時間や心身の健康、第三者を犠牲にしてまで莫大なお金を稼いだり、名声を得たりすることは虚しいことだと感じるようになったのではないでしょうか。

――では、つねに全力で走り続けることがよしとされる「ハッスルカルチャー」は衰退しているのでしょうか？

もちろんハッスルしたい、仕事を全力で頑張りたい、という人もいます。「Lazy girl job」は新自由主義的な考えに対するカウンターなのであって、全員がハッスルカルチャーを捨てたわけではない。

とはいえ、ハッスルすることに疲れた人は多いのではないでしょうか。バリバリ稼いで、消費しまくる生活が果たして自分の幸せなのか？それはただの資本主義の権化になっているだけなのではないか？と。**頑張り続けることだけがすべてじゃない、と提示されただけでも進歩だと感じます。**

格差にNOを突きつける。ストライキの年だった2023年

働き方についてもうひとつ言及すると、2023年は「ストライキの1年」と言われていました。病院やスーパーなどで働くエッセンシャルワーカーと呼ばれる人たちから始まり、ハリウッドや教育機関などさまざまな業界でストライキが行われました。

――それはなぜでしょうか？

コロナ後の急激なインフレは、賃金引き上げを求めるストライキの増加の大きな理由のひとつです。パンデミックによって、資産が10倍に増えた超富裕層もいるのに〈※1〉、労働者の賃金や生活は変わらないどころか悪化している。**そういった理不尽な格差社会がSNSなどを通じて浮き彫りになった。自分たちは搾取されている側だという自覚が芽生え、労働者同士が連帯してこの理不尽な構造を変えようと動き出した結果だと思います。**

また、Z世代は冷戦を経験していないこともかかわっていると言われています。ブーマー世代やX世代（1965年〜1980年生まれ）は冷戦中、冷戦以降に社会に蔓延した共産主義や社会主義にネガティブなイメージを持ってる人が多い。一方で**若い人たちは「ギグエコノミー」と言われる、時間や能力を切り売りする働き方で生計を立てる人も多く、使い捨て可能な労働力として不利な立場に置かれがち**です。だからこそ、雇用者に対して不満を感じたら、ストライキによって労働者の権利を主張することに抵抗が少ないのだと思います。

そして、**Z世代は格差や差別に自覚的である人が多い**。#MeTooやBLM（Black Lives Matter）などの出来事をリアルタイムで体験したことが大きくかかわっています。自分が直接被害を受けなかったとしても、差別や抑圧を受けている人がいる社会はアンフェアだと感じ、困っている人を支えたい、将来世代のために立ち上がりたいと思う人が増えているのではないでしょうか。

――日本でも2023年に、61年ぶりに大手デパートのストライキが決行され、注目されました。

日本は過渡期だと思います。**自分が搾取される側だと気づくことは最初は屈辱的に感じるかもしれないけれど、それを認めるところからしか社会運動は始まらない。**そして、権利を主張しないと状況は変わりません。アメリカではストライキによって労働環境の改善や賃上げを勝ち取る成功例も増えていて、社会の不均衡を正そうとする動きが強まっています。

自分の幸せにフォーカスして、働き方を考え直す

――ダニエルさん自身、これからの働き方はどう変化していくと思いますか？

正直、仕事だけを頑張っても人生への虚無感は拭えないなと思っちゃうんですよね。アメリカでは、仕事を3つ掛け持ちしててもギリギリ家賃を払えるぐらいという人もいるほどの物価高になっているし、社会的に成功している人を見ても実は親のコネや世襲があったりして、ロールモデルが描きにくい。だから、仕事でどれぐらい稼いでいるかよりも、仕事によって得られる幸せや、人生に与えられる豊かさについて考えることが増えました。

――仕事がすべてではないということですよね。「大企業に勤めていることが〝勝ち〟」「高所得者が成功者」ではないし、働き方を人と比べないということも大事だと思いました。

そうですね。多くの人がパンデミックを経験し、何を大事にして生きていくのか問い直したと思うんです。**長い人生、仕事でしか幸せを感じられないのは危険でもある。燃え尽き症候群になって空っぽになったり、体を壊すほど働き詰めになる前に、自分の幸せにフォーカスし、仕事への向き合い方を考えてみてほしいなと思います。**

〈※1〉https://inequality.org/great-divide/billionaire-wealth-up-88-percent-over-four-years/

アメリカの大学生の借金は平均約400万円？経済格差が友情、恋愛にもたらす影響とは

サンフランシスコでは、年収1000万円でも低所得？アメリカにおける経済格差の実態

今回は、アメリカの経済格差が、外出習慣や友情関係にどうかかわっているのかを話せたらと思います。

——「セラピースピーク」（P8）や「ベンティング」（P15）では、多くのZ世代が、人とのコミットメントを避ける傾向にあるというお話をされていましたね。

はい。**人との関係にコミットしにくい背景のひとつには、経済格差もあると感じています。**今のアメリカはインフレが加速していて、とにかく物価が高い。以前であればボーリング場やカフェなど若者が気軽に集まれた場所でさえも、どんどん料金が高騰し、行きにくくなってしまったため、仲を深める機会が少なくなっていると感じます。ガソリン代もすごく高いので、「家を出るだけで30ドル（約4200円）かかる」というリアルなジョークもよく使われているほど。

——アメリカではお金をかけずに人と会うことは難しいのでしょうか？

日本の都市部であれば、安全に移動できる公共の交通機関が発達しているので、数百円でいろんなところに出かけられますし、安い居酒屋チェーンや少額でも楽しめるファミレスなど、飲食店の選択肢もそれなりにあると思います。でもアメリカの場合は、大学を卒業するとほとんどの人が車が必要な郊外に暮らしますし、都市部であったとしても治安の問題で公共交通機関を使いたがらない人も多い。車を使うならお酒も飲

めないし、駐車料金もかかるし、レストランに行くならチップも安くなく、気軽に行ける飲食店も多くないため、**〝外で人と会う＝お金がかかる〟というイメージが強いです。**

――アメリカは、物価の上昇に伴い給料も上がっていて、好景気に沸いているイメージがありました。

ごく一部の人は景気がいいと感じているかもしれませんが、**有名テック企業であっても大量解雇や競争の激化があり、たとえいい大学を出たとしても「安定した職」はほぼ存在しません。**Ｚ世代の多くは雇用が不安定で経済的なストレスを強く感じています。

また、収入の格差もどんどん大きくなっています。例えば、**サンフランシスコにおける「中流階級」の収入は最低でも８万５４３４ドル（約１２００万円）とされており、７万ドル（約１０００万円）程度の給料であれば低所得という印象です。**〈※１〉一方で、アメリカ全体でいえば、年収数万ドル稼ぐのもやっと、いくつも仕事を掛け持ちしている、という人も大勢いる。〈※２〉格差は広がっているのに、生活費が上がっているから、生きづらさを感じている人が増えています。

若者を苦しめる高額な学生ローン

――ダニエルさんは現在大学院に通われていますが、まわりの学生を見ていても、格差を感じることはありますか？

ありますね。**特に学部生の場合、親の経済力が学生時代の過ごし方に大きくかかわってきます。**私立大学に10億円の寄付ができる家庭もあれば、奨学金をもらいながら通っている人もいたり。大学にもよりますが、同じキャンパスに通う人でも、裕福な学生とそうではない学生の生活には大きな差があります。

――日本の学生はアルバイトをしている人も多いですが、アメリカではあまり一般的ではないのでしょうか？

私は大学院に通いながら、自分で授業を持ってインストラクターとして働いたり、研究者のポジションとしてある程度のお給料はもらっていますが、誰でもそのポジションが確約されているわけではないですし、バイトをしたくても課題が多く働く時間がない人も多いです。

同じトップ大学であっても、日本とは違いアメリカは大学に入ってからが大変なので、遊ぶためのお金を稼ぐ手段としてのバイトは一般的ではありません。バイトをしたとしても、学生ローンを返済したり、必要最低限の生活費を賄うために仕方なくやる人がほとんどだと思います。

加えて、私がこれこそ問題だと思っているのは、学費や学生ローンにかかる利子が高すぎること。奨学金をもらいながら通う人も多いですが、例えばカリフォルニア大学バークレー校であれば、公立大学でも生活費や授業料を入れて年間約６００万円はかかります。

カレッジボードの統計によると、２０２０‐２０２１年度には、公立および私立の４年制大学に通う学士号取得者の54％が学生ローンを利用し、平均２９，１００ドル（約４０７万円）の負債を抱えて卒業したと言われています。〈※３〉

特にベイエリアでは家賃も生活費も高いので、大学から離れた場所に住み、飛行機を使って通学した方が安上がりだからといって、それを実践した大学院生が話題になりました。バークレー校では学生の10％がホームレス状態を経験したことがあると言われているほど、家賃の高騰や格差は問題になっています。〈※４〉

――アメリカは学費が高いとは聞いたことがありましたが、そこまでの状況とは…。

それだけでなく、**アメリカのクレジットカード文化も経済状況を悪化させている原因のひとつです。**クレジットカードによるZ世代の平均借金は約2800ドル（約40万円）〈※4〉、アメリカ全体では平均約6500ドル（約91万円）〈※5〉と言われているにもかかわらず、クレジットカードがないとアパートが借りられなかったりもしますし、クレジットカードを作るだけでたくさんの優待を受けられたりと、クレジットカード文化が借金をしてしまう心理を後押ししています。

NYCなどの都市部ではそもそも住居の供給が足りておらず、1軒の内覧に長蛇の列ができるほど人が殺到している現状がありますが、その競争に勝つためにも、クレジットスコアが大事な要素になります。借金全体の話をするならば住宅ローンなどを含めて、アメリカ人の平均借金は10万4000ドル（約1450万円）前後です。〈※5〉

これが、最初に話した「人との関係をコミットしにくい背景のひとつには、経済格差もある」というところにつながります。**そもそも生きていくために考えなければいけないことが多すぎて、多くの人にとっては、友達と頻繁に出かけたり、安定した恋愛関係を維持したりしている場合じゃないんです。**一方で、高い家賃を回避するために安易にすぐに同棲を始める人も多く、ある意味サバイバルのためのデーティング（P109）の形もよく見かけます。

経済格差が変えた、恋愛の価値観

――確かにそんな状況では、気軽に友達と遊んだり、デートに行くことも難しそうですね。

こうした経済的な事情によって、メンタルヘルスの章で取り上げた「SAHGF（stay-at-home girlfriend）」（P22）と似た感覚で、**「ハイパーガミー」＝「上昇婚」を狙う現象も話題に。**日本ではあまり珍しくないかもしれませんが、**アメリカはフェミニズムがある程度浸透しているので、女性がお金のために結婚することは女性を搾取する社会の構造に加担することになると、これまで非難されてきました。**

しかし、その認識が一部の女性の中で変わってきていると感じます。高級ホテルのバーで男性から声をかけられるのを待ったり、お金持ちの男性と出会うためにゴルフ場でバイトをしたりという動画がTikTokでバズったり…かなり議論されている話題ではありますが、確実に不景気と新たな資本主義の表れになっている。**インフレ・格差加速時代をどうやって生き抜くか。恋愛がサバイバル術のようになっているとも言えます。**

近年は、正式につき合っているという約束をしない自由な恋愛、「フックアップカルチャー」や「シチュエーションシップ」が一般的になっているのは事実ですが、一方で経済的な原因も相まって、**逆に保守的な恋愛観に戻ったり、「自分を一人の人間としてきちんと愛してくれる人と出会いたい」というロマンチストも増えてきている。**

そうでもしないと、そもそも「ロマンチックな恋愛」がどんどん薄れてきている現代のアメリカにおいて、あまりに人生と社会が過酷すぎるんです。

その裏付けとして、「delulu（デルル）＝妄想癖」という言葉を最近よく見聞きします。〝delulu is the solulu（妄想的であることこそが解決策）〟というミーム的なフレーズがSNS上で流行るほど、「非現実的だと言われようが、前向きでポジティブでいることが精神的なサバイバルにとって大切」、という考えが普及していることを実感します。

もともとK‐POPファンのあいだで生まれたスラングですが、わかりやすくいうと、人生を自分に都合のいいように解釈をするということです。例えば、デートした相手にメッセージを既読スルーされても「きっと一生懸命返事を考えているんだろうな」と妄想して恋愛を理想化したり、「いつか好きな芸能人と結婚する」

と幻想を抱いたりする。心の底からそう思っているかは別として、こうすることで自分が傷つかなくていい、人生に対して夢を持ち続ける、という発想なんです。

ただ、〝delulu状態〟にあることは、必ずしも悪いことではないと思っていて。**ロマンチックな恋愛に憧れたり、自分の「愛されたい」という気持ちを否定しないことと、男性と対等な関係でいることは同時に成り立つと思うんです。**

自分にとって何が優先なのか、何にお金を使いたいのかを考える

――経済的な背景が、恋愛の価値観や人間関係にも大きく影響しているんですね。そんな状況でも、よりよい人間関係を築いていくには、どうしたらよいと思いますか。

経済状況が苦しいからといって「節約して頑張ろう」という個人の問題に落とし込んではいけない気がしています。日本には「清貧」という言葉があるように、「お金がなくても幸せに生きられる」という考えが理解されやすいですが、その考えが行き過ぎて、貧困で生きづらさを抱えていても政府に文句を言わず我慢するのは違うと思います。それよりも、**もっとお金に対してオープンに話せる場があったり、リテラシーをあげる機会が増えるべきだと思います。**それが前提にあった上で、自分は何を優先するのか考えることが大切なのではないでしょうか。

お金は有限だからこそ、ある程度の出費をしても新しい人と出会う時間を作りたいのか、親しい人とより親密な時間を過ごしたいのか、もしくは一人の時間を充実させたいのか…。**自分にとって何が大切かを把握していると、納得できる選択をすることができるのかなと思います。**

〈※1〉https://www.cnbc.com/2024/07/22/salary-needed-to-be-middle-class-in-largest-us-cities.html#:~:text=In%20the%20San%20Francisco%20area,Bureau%20American%20Community%20Survey%20data.

〈※2〉https://www.pewresearch.org/race-and-ethnicity/2024/05/31/the-state-of-the-american-middle-class/

〈※3〉https://www.teenvogue.com/story/how-graduate-college-little-debt

〈※4〉https://basicneeds.berkeley.edu/sites/default/files/housingsurvey_03022018.pdf

〈※5〉https://www.wsj.com/personal-finance/gen-z-credit-card-debt-inflation-2f2f927e

〈※6〉https://www.businessinsider.com/personal-finance/credit-score/average-american-debt#:~:text=The%20average%20debt%20in%20America,consumer%20debt%20balance%20are%20mortgages.

竹田ダニエル 対談 安堂ホセ

作家

安堂ホセ

1994年、東京都生まれ。2022年、『ジャクソンひとり』で第59回文藝賞を受賞しデビュー。2023年、2作目となる『迷彩色の男』を刊行。両作とも芥川賞候補となる。2024年11月に3作目となる『DTOPIA（デートピア）』を河出書房新社より刊行予定。竹田ダニエルと初めて会ったのは2022年12月末、初台の焼き鳥屋さん。

自分の尊厳を保つために、仕事をひとつに絞らないという働き方

『ジャクソンひとり』で2022年第59回文藝賞を受賞し、同作で第168回芥川賞候補にもなった作家の安堂ホセさん。同世代であり、ともに執筆業に携わる二人がトークテーマに選んだのは〝仕事と働き方〟。個人的な親交もある二人が交わす、働くことへの思いとは？

仕事の葛藤やつらさを共有することはメンタルヘルスにもいいんじゃないかって

――まずはお二人の出会いから教えてください。

ダニエル　ホセが『ジャクソンひとり』で芥川賞候補になったときに公式Xを始めて、私をフォローしてくれたんだよね。その後、私が日本に行ったとき、共通の知人を介して会う機会があって仲良くなって。一緒にサイン本を作りに出版社に行ったり、普通にプリクラ撮ったりして遊んでいます。

ホセ　ダニエルはいろんな事象に対して独自の発信をしていて、作家になる前から知っていました。初めて会うときは「どんな人なんだろう」と緊張と興奮がないまぜでしたが、最初から意気投合して、今は普通に友達です。

――今回はダニエルさんから「ホセさんと仕事や働き方について話をしてみたい」とリクエストをいただきました。このトピックについて話したいと思った理由を教えていただけますか？

ダニエル　**仕事の話って成功談とかポジティブな話はよく聞くけれど、本当は楽しいことばかりじゃないはず。でも、つらいこととか葛藤を抱えていてもなかなか語られないですよね。それを共有することがメンタルヘルスにもいいんじゃないかと思って。**ホセは小説家以外の仕事もしているし、私はライターをしながらミュージシャンのエージェントとして仕事を受けていたり、大学院生でも研究者でもあるので、〝お互い別の仕事をしながら兼業で執筆業をしている〟という点で重なるところもあるから、仕事のバランスの取り方とか仕事とどう向き合っているのかということを聞いてみたいなと。

ホセ　ダニエルが「働き方について話をしてみたい」と言ってくれたとき、すごくいいなと思った。というのも、**仕事のネガティブな面を話すことはタブーっぽい雰囲気があって、「精神が不安定」「うまくいっていないだけ」**

と勝手に解釈されたり、職場などで信頼を落としてしまうことが多いですよね。ダニエルとの対談で、よりフラットに仕事の話をできるんじゃないかと思っています。

〝仕事をひとつに絞らなきゃいけない〟という概念がない

――では、さっそく二人が今どのような働き方をしているか教えてください。

ホセ　自分はいま29歳（2023年取材時）で、作家をする前から普通に働いてます。日程に関してはある程度融通を利かせられるようにしたので、小説は休みの日に書くという感じですね。

――そういう働き方になったのはいつ頃からですか？

ホセ　2022年に本を出版してからです。小説を書く時間を多くとる以外に、取材や依頼原稿などの関係でピンポイントで日程を空けたい場合もあるので、会社員をやめてフリーランスに切り替えました。

ダニエル　私はライターやエージェントとして仕事をしながら、大学院生でもあります。平日は大体朝9時から夕方5時頃まで授業があって、授業の合間に日本のメディアの取材を受けたり、研究のための調査をしています。また、学校で週10時間ほどインストラクターとしても働いているので、原稿は夜や週末にまとめて書く感じですね。

――休む暇もないほど忙しそうですが、体調管理はどうしていますか？

ダニエル　昼間に少しでも空いた時間ができたら家に帰って昼寝をするようにしています。日中は学業や授業の準備が優先なので、原稿を書こうとするとどうしても夜遅くなってしまうから。

——ホセさんは作家だけでなく、別の仕事もされていますが、それはなぜでしょうか?

ホセ 普通に生活のためです。**よく「〇〇一本で」という言い方があるけど、自分の中ではリアリティのない概念です。**作家活動の収益だけで生活ができる状態って、自分たちの世代でリアリティを持てる人のほうが少ないんじゃないかな。別の仕事をしながら自分の好きなことをすることが当たり前になっている気がします。

——「自分たちの世代で」というとホセさんのまわりの方もそういう働き方をされている人が多いですか?

ホセ そうですね。**アーティストの友達も、それだけでやっている人はほとんどいなくて、ほかの仕事も兼業している人が多いですね。**もしくはひとつの肩書きの中でそのバランスを工夫したりとかね。

——今後作家としてキャリアを重ねていったとしても、執筆業一本に絞らず、ほかの仕事をしながら執筆されるイメージでいるのでしょうか。

ホセ だからその〝一本に絞る〟がピンと来ないんですよね(笑)。「小説家」と名乗った人が、365日、小説を書くだけで生活をするなんて不可能ですよね。すごく強固なシステムを利用できる立場か、あるいはそこに支配されている場合はもちろん別だけど、そもそも、ひとつのことだけをやるなんて無理がある。**どんな仕事をして、どれぐらい稼いで、どう生きていくか、というバランスは自分で組み立てていくしかないと思っています。**仕事が人生のすべてというわけではないから、ひとつの仕事だけに打ち込まなくてもいい気がしています。

そもそもお金を稼ぐために書きはじめたわけじゃない

――ダニエルさんは大学院を卒業したらどんな働き方をイメージされていますか?

ダニエル　アメリカはジョブマーケットが悪化していて、大企業の大量解雇も増えているし、特に若い層は雇用が不安定です。新卒採用制度がないので、有名大学・大学院を卒業しても、50社の採用試験を受けたけど就職先が見つからないという人もいる。だから、今はとりあえず就職できたらそこで1年ぐらい働きながら、次に何をしようか考えている人が多いと思います。**個人的には教育にかかわる仕事やコンサルティングに興味があるけれど、それだけで生計が成り立つのか、正直やってみないとわからないところではあります。**

――ダニエルさんも執筆業一本に絞る選択肢はないですか?

ダニエル　そうですね。**私はそもそもお金を稼ぐために書きはじめたわけじゃないから、執筆業一本に絞ろうと思ってないんです。**そもそも、Xで見つけた面白いツイートとか記事を忘れないために、読んで感じたことをnoteに書きはじめたのを偶然日本の編集者の方に面白いと思ってもらえて、コラムの依頼をいただくようになりました。続けているうちに憧れの雑誌に寄稿するとか、本を出すとか、会いたい人にインタビューするとか、コラムを書きはじめたときには想像もしていなかったことがどんどんできてしまって、**この先何を目標にしたらいいんだろうとちょっとした虚無感も感じています。いわゆる、〝燃え尽き症候群〟なのかなって。**エージェントとして、ミュージシャンのサポートをしていても同じことを感じるんです。今までは純粋に好きでやってきたけれど、仕事として音楽に向き合うと、売り上げとかライブの動員数とかに気を取られてしまって、いつの間にか自分がなんのために音楽をやっているのか、わからなくなってしまうということがあると思うんですよね。

書く上で「自分の尊厳」を保つために、別の仕事を持っておきたい

ダニエル　大学生の頃、授業のゲストとしてインディペンデントレーベルの方が講演に来てくれて、**「好きなことを仕事にしたら好きじゃなくなる」という話をしていたんです。今思えば本当にそうだなと思う。**

——「好きなことを仕事にしたら好きじゃなくなる」という話についてホセさんはどう思いますか？

ホセ　よくわかります。僕も好きで入った会社だったのに、仕事をしているうちにだんだん違うなと思うことがあり、たくさん転職を経験しました。**職場の人間関係で悩むということもあったけど、たとえどんなに好きなことでも時間も量も多すぎたら、嫌になるんじゃないかと思っていて。**例えばダニエルと話すのは好きだけど、毎日何時間も続けるのは不可能ですよね。だから、量の問題はあると思うな。

書く仕事は自分の名前で発表するので、こういうインタビューも含めて適当に済ませることはできないし、そうなると自分が納得できるものを、自分で決められる状態にしておきたい。だから、**書く上で「自分の尊厳」を保つために、ほかの仕事は続けたいかな。**

ダニエル　そうだよね。**あと、私の場合は稼ぐことと同時に倫理性も考える。**給料がどれだけ高くてもミサイルを開発するような会社に就職したくないと思うのと同じで、メジャーレーベルのアーティストを絶賛するレビューを書いてほしいという原稿のオファーをされても、その構造に加担したくない。でも、専業ライターだったら書くことでしか収入が得られないから、意思に反したことをやらなければいけない可能性もある。

アメリカは今、大手メディアがどんどん潰れていってレイオフも起きています。ジャーナリストも「会社に属していたら一生安泰」なんてことはなくて、副業しないと生活が成り立たなくなっているんです。『セックス・アンド・ザ・シティ』のキャリーのように、月に1本コラムを書いて贅沢な暮らしをするなんて、今

は絶対にできないと思う。

ホセ　わかる。あれはドリームだよね。

ダニエル　ホセが話していたように、自分のやりたいことにフォーカスできるように、ほかのところで収入を得るというのはすごく同感。特にフリーランスの書き手は決められた道がないからこそ、自分で考えていかなきゃいけないと思うな。

ライターの成功は、「自分がやりたいことを納得した形でできること」

――お二人にとって「仕事の成功」とは何でしょうか？

ホセ　「作家の成功」っていろいろあると思います。それこそ執筆業だけで食べていくのが今までは成功とされていたけど、今は瞬間的に本が売れた作家でも、その先ずっと続けられるかわからないし、そもそも本を出せるかどうかが出版社次第なところもあるので、別の収入源を確保しようとする人は少なくないんじゃないかな。

ダニエル　「作家の成功」は賞も関係している気がする。でも、受賞できるかどうかって曖昧な評価基準でしかないとも思うんだよね。

ホセ　そうだね。ごく少数の権威ある人の判断が、新人の作家の運命を決める場合があるよね。自分の場合はデビュー作がすぐに本になって恵まれているほうだと思うし、今のところ賞レースも楽しめてはいるけど、それは出版社が支えてくれているという信頼があってこその余裕でしかない。**賞に向けて小説を書いている**

わけではないのに、やっぱり賞に選ばれないと自分が消えてしまうような焦りは、多くの新人が抱いていると思う。

作家は作品が単行本にならないと、印税収入を得られない。どんなにいい作品を書いても、たとえ人気がある作家でも、文芸誌に作品は掲載されても、賞の候補にならないと単行本にならないこともある。だから、自分たちは作家として成功できるかどうかの土台にも乗れないように感じることもあるんだよね。授賞式とかのパーティに行くと、どれだけ華やかな場でも必ず誰かが涙ぐんでいる。「自分はもっとできる」と「どうしたらいいかわからない」っていう気持ちを抱えているんだと思います。

正直、「どんな作家になりたい」とか、「作家一本でやる覚悟」とか、そんなことまではとても想像できない。**だから自分にとってのモチベーションは、やっぱり読者でしかない。自分が何枚でも書きたいと思える読者に出会って、それを読みたいと思ってくれる読者に出会うっていう、当たり前のサイクルに集中するしかないのかな。**

ダニエル　私は第一言語ではない日本語で文章を書くのも不慣れだったときに『群像』からコラムの依頼が来て、そこから書く仕事が増えていったから、**教習所に通いはじめたばかりの状態でF1のレースに出るという状況がずっと続いている感じ（笑）。**書きはじめた頃には想像もしていなかったことができてうれしい反面、ライターや作家はたくさんいるから、書き続けないとすぐに忘れられるんだろうなという焦りはある。

そう考えると、**ライターの成功って、「自分がやりたいことを納得した形でできること」かなと思うんだよね。**正直、何かを書き続けていると批判されたり、ネガティブな意見が来たり、つらいこともある。でも、書き続けていれば、想像もしていなかったことができるようになっているんじゃないかなと感じるんだよね。

――なるほど…。ちなみに先ほどホセさんから、「モチベーション」の話が出ましたが、お二人にとっての書くモチベーションは何でしょうか？

ダニエル　私は、**社会で抑圧されているマイノリティの人たちが、私の記事を読んで新しい価値観を知ることによって、不安や苦しさを言語化できて、「心が軽くなった」とか「この考え方は役に立つな」と思ってもらえること。**自分も誰かが書いた本や記事を読んで、視点が変わったり、前向きになったりすることがあったから、そういったことが自分にもできたらと思う。壮大な話に聞こえるかもしれないけど。それと、「今の自分にしか書けないこと」を逃してしまうのがもったいなくて、半ば強迫観念を感じながらアウトプットを続けている面もあると思います。

ホセ　わかるよ。自分もマイノリティの人への気持ちが書くモチベーションになってる。それはつらい思いをしている人を助けてあげたいというよりも、まわりの人たちが元気でいてくれることで自分が救われるから。編集者や賞の選考委員、読者の中にマイノリティの人がいればいるほどうれしいよね。**そして、一人でも元気でいてくれて、存在が見え合うようになってほしい。**

ダニエル　そうだね。あと、**私は自分の信じていることを続けることで、価値観の合ういろんな人に出会えることもひとつの成功かもしれない。**もし、自分の価値観に合わないことをやっていたら、出会えるはずだった人に出会うチャンスを失うという意味では、リスクがあるよね。

作家って〝成功〟に対してそっけない態度をとることが美徳とされている感じがある

ホセ　例えばダニエルは、たくさんお金を稼いで大きな家に住んで、もう働かなくてもいい状態になったとき、「このまま何もせず死んでいくだけでいいだろうか？」と感じると思う？

ダニエル　そう思う。ホセは？

ホセ　思っちゃう気がする。これは本当に矛盾しているんだけど、**楽に心地よく生きているだけでは、どうしても自分を認められないみたいな刷り込みもあるんだよね。**これは子どもの頃からそうで、1日が終わることに漠然とした焦燥感があった。小説を書く前から何かを作るのが好きだったのもそれに起因していると思う。

ダニエル　そういえば、ホセが小説を書くようになった経緯を聞いてみたいな。

ホセ　今話したような、漠然とした「何かしたい」っていうのがひとつ。あとは成長して、自分が何かの当事者であるという解像度があがってきて、自分のための創作を読んでみたい気持ちが合わさったタイミングで、小説を書こうと思ったんだと思う。

ダニエル　作家としてデビューして、賞レースに参加することについてはどう思ってる？

ホセ　賞のノミネートをきっかけに知ってもらう機会が増えるし、もともと小説の選評を読むのが好きだったから、自分が評価の対象になることはすごく光栄。だけど、**例えば選考委員の人のなかにブラックルーツの人なんていないし、基準をそこに合わせて書くことは不可能かな。**

ダニエル　そうだよね。アカデミー賞とかグラミー賞が曖昧な審査基準で成り立っているのと近いのかも。

ホセ　でも**一般的に作家って〝成功〟に対してそっけない態度をとることが美徳とされている雰囲気があるんだよね。**関係者から「受賞してもしなくても、賞にはあまり関心がないぐらいに振舞うほうが印象がいいですよ」と言われたこともあるし。けど、そんな余裕もないのが実際のところじゃないですかね。

とはいえ結局こういうのって競争を加熱させることでもあるし、これで本当にいいんだろうかとも思う。誰かの評価を素直に喜ぶまでには、みんな葛藤があるよね。

ダニエル　でも、いい作品を作ったら認められたいし、賞が欲しいと思うのは自然なことだと思うな。私も本を出すんだったら1位を獲りたい。

ホセ　それは作品を認めてもらうことによって、賞とか売り上げといった評価の根拠を変えていきたいっていうことでもあるよね。

小説を書いている行為そのもので、癒される

ダニエル　ホセの場合は意図しなくても、ブラックミックスでクィアという記号を背負わされていると感じることはない？

ホセ　感じるけど、ケースが少ないからそれは仕方がないのかなと思う。例えばどんな作品を書いても、〝マイノリティもの〟っていうジャンルとしか見られない人もいる。『ジャクソンひとり』の作品版みたいな現象というか（笑）。最近はそういった反応は無視していくしかなくて、自分の中で個別の作品を育てていくしかないなと感じるよ。ダニエルは？

ダニエル　**やっぱり「Z世代」という記号を背負わされているとは感じる。**自分の原稿では、アメリカでマイノリティとして生きる私の実感と、現地でリサーチしたことをまとめて書いているんだけど、読んだ人から「私が知ってることと違うから共感できない。竹田ダニエルはZ世代を括って適当なことを書いてる」と批判されることもある。でもその人の経験や価値観と私は違うから、それを言われるのはつらいかな。

――お二人はそのような状況下で、つらい気持ちになったり、どうしても落ち込んでしまったとき、どういうメンタルケアをされていますか？

ホセ　適度に休みを取るようにしています。

ダニエル　小説を書いているときのメンタルケアはどう？

ホセ　**書いている行為そのもので、癒されるんだよね。それはきっと人の評価を気にしないでアウトプットできる状態に安心感を覚えるからだと思う。**ダニエルはメンタルケアどうしてる？

ダニエル　**私は一緒に仕事をする人と信頼関係を築けることがいちばんのメンタルケアになるかな。**アーティストもそうだけど、人と対話することで癒されることが多いから。あとは自分の限度を知って、ちゃんと食べる、ちゃんと寝る。

ホセ　それは大事だよね。

ひとつの環境の中にいると「これしかない」と思ってしまうけれど、本当はいろんな選択肢がある

――仕事への向き合い方やワークライフバランスに迷っている読者に、お二人ならどんな言葉をかけますか？

ホセ　定期的に健康診断を受けたり、人間ドックには行ったほうがいいと思います（笑）。**若い頃は忙しすぎて健康診断に行けないって「あるある」だと思うんだけど、今思えば、それは働きすぎているサインのひ**

とつだということ。なんなら「美容メンテ」みたいなノリの延長ですらいいと思う。

例えば歯医者に行ったあとって、数日間だけでも歯への意識が高まるじゃないですか。そういうことの連続で体を維持することって意外と大事な気がする。定期的に検査には行ったほうがいいと思う。そろそろ笑い話で済まなくなってくる年齢だから。

ダニエル　わかる。あと、**日本の場合は仕事と人生が密接に結びついていて、仕事の出来不出来が人格にもつながっていると感じている人が多い気がする。だから、仕事だけが人生じゃないということを忘れずにいること。**恋人に振られたからってあなたに価値がないわけではないのと一緒。

働きやすい環境や働く相手とは相性があって、人間関係や今の働き方がつらくなったらそこから離れる方法を考えてみる。ひとつの環境の中にいると「これしかない」と思ってしまうけれど、本当はいろんな選択肢があるから。

そして、**人間は流動するものだということも頭に入れておくこと。社会の価値観は変わっていくし、人の考えだって変わる。**「あの人と話が合わなくなったな」と思っても、それは互いに流動しているからで自然なこと。意見の合わない人と向き合い続けるよりも、未来に目を向けるといいのかなって思います。

第3章

SNS

“Doomer”

将来に対して極度に悲観的な思想を持つ「ドゥーマー」とは？ 絶望する時代に、私たちには何ができる？

SNSと絶望感のつながり。極度に悲観的な思想が広がる理由とは？

深刻な環境問題や戦争、暴走する人工知能といった**さまざまな社会問題について極度に悲観的な思想を抱く人のことを「doomer（ドゥーマー）」と言います。**これから派生して、地球規模の問題に対して絶望やあきらめの感情を抱く思想が「doomerism（ドゥーマリズム）」と表現されることも。「doom」とはもともと「破滅の運命にある」という意味があるのですが、erをつけることによって、第二次世界大戦後に生まれた「boomer（ブーマー世代）」との対比としても使われています。

「ブーマー」は雇用と教育の機会に恵まれ、一般的に社会や未来に対して楽観的な姿勢を持つ人が多いと言われていますが、彼らが20代、30代だった頃は、きっと未来はテクノロジーの進化によって生活がよりよくなっているはずだ、という希望を抱きやすかったのです。

一方の「ドゥーマー」はそうではないんですよね。環境問題や核戦争など地球規模の問題が積み重なって、人類は破滅の道を進んでいると感じている。実際に、テクノロジーの発展などによって、過去の人たちが想像していたような、楽園的な「テクノユートピア」が実現するとは想像しづらい。ドゥーマリズムはZ世代だけが抱いている価値観ではありませんが、**社会問題から直接的に影響を受けやすい世代だからこそ、ドゥーマリズムが広まりやすいのかなと思います。**

さらに、インターネットやスマホなどのテクノロジーが当たり前に存在する世の中で育った彼らは、テクノロジーが環境破壊やメンタルヘルスの悪化の原因でもあることをよく実感している。格差の拡大や賃金の低迷と物価の上昇などにより、将来に対する不安と救われようのなさに押しつぶされそうになっている人も多い。

——ダニエルさんのまわりにも「ドゥーマー」はいますか？

「ドゥーマー」はもともとオンラインコミュニティから生まれた言葉で、「世界をあきらめた人たち」の意味合いで派生しました。ドゥーマリズムと価値観自体はリアルな場で議論されることはあっても、公的に自分のことを「ドゥーマー」と自称する人はあまりいないかもしれません。

Redditをはじめとした**ネットの掲示板やSNSで「ドゥーマー」のコミュニティがあり、そこで不安を吐き出す人が多い印象です。**というのも、リアルな場では自分の不安や絶望感を口に出しにくいから。自分の言葉を素直に吐き出せる空間があるのはいいことですが、閉じられたネットの言論空間では、エコーチェンバー（似たような価値観の人たちが共感し合うことで、特定の意見や思想が増幅する現象）になりやすく、思想が過激化しやすい。自分の絶望を肯定してもらえるのは気持ち的にはラクになれるかもしれないけれど、それにより絶望が過剰に強調される部分もあります。

——「ドゥーマー」的思想が広がる理由はなんだと思いますか？

それがコーピング（ストレスに対処する方法）のひとつになっているという考え方もあります。どうしたら社会がよくなるかと考えて一生懸命行動しても、その希望がつぶされ続けると、ポジティブな未来を描くことに意味を見出せなくなる。もうおしまいだと絶望に打ちひしがれていたほうがまだラクだということなのかもしれません。

社会問題に関心が高い人ほどドゥーマリズムに陥りやすいわけ

――社会問題に熱心な人ほどドゥーマリズムに陥りやすいのでしょうか?

もともと社会問題に関心がない人よりも、問題意識を持って社会課題に取り組んでいる人のほうがドゥーマリズムに陥りやすい印象があります。例えば、プラスチック製品を使わないようにしたり、マイバッグやマイボトルを持ち歩いてゼロウェイスト生活を心がけたりしても、効果がないどころか世界の状況はさらに悪化していることを知ったら。もう何を頑張ればいいのか、どこにすがったらいいのかわからなくなるし、燃え尽きてしまいがちですよね。

例えばプラスチックは、登場した当初「魔法の物質」ともてはやされていたけれど、今では地球温暖化や資源枯渇、海洋汚染に影響を与えるだけでなく、マイクロプラスチックによる健康への影響も証明され始めています。

また最近は、CO2排出削減に効果的だとして代替肉が注目を集めていますが、原料に使用する大豆の増産が森林破壊を進める要因になるという指摘も。ほかにも、EV車はガソリン車より排気ガスを減らせる点で環境にいいと言われていますが、EV車に使われるリチウムイオン電池を廃棄する際に環境を汚染するし、バッテリーに使用されるコバルトの採掘にはさまざまな人道的問題が付随する。

つまり、**どんな選択をしても人間が消費を続ける限りは結局は環境を破壊してしまうということです。そういう事実を目の当たりにすれば、絶望を感じてしまうのもおかしくないですよね。**また、地球規模の問題は一人の消費行動でなんとかできるレベルではないように思われることもドゥーマリズムが広がる一因なのかもしれません。

もはや中毒…？　ネガティブな情報摂取をやめるには

——「Doom scrolling（ドゥームスクローリング）」という言葉もあるんですよね。

「ドゥームスクローリング」はXやInstagram、TikTokなどにアップされている暗いニュースやネットのネガティブな書き込みにひきつけられて、延々とスマホをスクロールし続けてしまう現象のことで、結果的に不安や恐怖の感情が掻き立てられ、入眠障害や鬱症状を引き起こす危険があると言われています。

人間は何か不安なことがあると、本能的に情報を集めてしまう習性があると言われていますが、何時間もSNSを眺めて暗い気分になったところで、実は何も得られないですよね。しかしスクロールをしている間は何かしらの「コントロール力」が自分の手もとにあるような実感も得られるので、皮肉なことに不安の対処法としてついやってしまいがちです。

——自分にも思い当たるところがあります。情報は集めても、情報に振り回されてはいけない気がします。

そうですね。あと「doom spending（ドゥームスペンディング）」という言葉もあるんです。これは**「絶望」と「支出」を足した言葉で、無計画に目先の欲しいものにお金を使う消費行動のことです。**

——どうしてそのような消費行動をとってしまうのでしょうか？

家族を持ち、家を買うことをあきらめ、実家で暮らすZ世代たちが貯金なしでも高級品を買う現象ですが、**「景気は最悪だし、地球温暖化も悪化していて、世界中で政治的・社会的不安も絶えない。すぐに満たされることにお金を使うほうがラク」**という考えからきています。インフレや資産価格の高騰などからくる経済的なストレスは無視できず、特にアメリカの若い世代は自分たちの手の届かないところにまで不動産価格が上がっていて、ローンを組んでも家は買えないし、賃金も上がらない。働きに出る前にすでに奨学金などで多額の負債を抱えていることも「ドゥームスペンディング」を引き起こす要因と考えられています。

将来に対して暗い気持ちになる中で、一時的にでも万能感を得ようと、ハイブランドのバッグや洋服を買い漁ったり旅行に行きまくって自暴自棄とも思える消費に走ってしまう。アメリカでは高い消費意欲がクレジットカードなどによる借金に下支えされていることも問題ですが、借金依存から抜け出すのはかなり困難ですし、リスクの上に成り立つ消費は持続可能ではないです。

「ドゥームスペンディング」についてXに投稿したら、「これ、自分だわ」という日本人の方からのリプライもたくさんあり、アメリカだけの問題ではないんだなと実感しました。

絶望に飲み込まれず、できることはあると信じて

政治に関して「ドゥーマー」になりやすい人も多いです。2020年のアメリカの大統領選を例にとると、当時はZ世代がイニシアチブを取って、バイデンに投票しようと呼びかけていました。その結果バイデンが政権を勝ち取りましたが、彼が政策の柱とした学生ローンの返済免除や医療費の引き下げに対する動きは鈍く、高金利や家賃の高騰化など若者への逆風が相次いで吹いています。

経済と債務の不満だけでなく、パレスチナ・ガザ地区への攻撃が続き、イスラエルへ武器を提供していることもバイデン支持率の急激な低下の一因です。かといって、対抗馬であるトランプも支持したくない。**共和党と民主党のどちらが政権を取っても絶望しかなく、政治に虚無感を抱いている人は多いです。**

――そう言われると日本では昔から政治に対して「ドゥーマー」である人が多い気がします。ただ、アメ

リカでは政治的な絶望を抱いていても、大学を中心にガザ侵攻に対する抗議活動が行われるなど、関心を失っていない印象がありますが実際はどうでしょうか？

そうですね。今アメリカ各地の大学ではガザ侵攻に対する抗議活動が活発化しています。アメリカの大学の多く、特に「エリート大学」と呼ばれる大学は多額の寄付金や高額な学費によって成り立っていますが、集めたお金の一部がイスラエル支援や軍事産業でビジネスをしている企業に流れている。つまり自分たちのお金が間接的にガザ侵攻に加担しているため、大学の指導者らにイスラエル関連の企業や組織への投資をやめるよう要求しているんです。ただ、大学の一部はこの抗議活動が規則に違反しているとして、警察に介入要請を出し、抗議参加者が不法侵入などの疑いで逮捕されています。

こうした運動が、ガザ侵攻に与える影響はごくわずかに過ぎないかもしれません。でも、**声を上げ続けることは紛争で利益を得ている人々がいることを明らかにし、問題に無関心な人々の認識を高めることに役立っていると思います。**「まるでジェノサイドなんて起きていないと信じて日々を過ごしている人に目を覚ましてほしい」「無視し続けることはあなたも暴力に加担していることと同じ」、というメッセージになっている。

悲観主義は前進するエネルギーを奪い、問題解決を妨げます。ですが、だからといって盲目的な楽観主義になる必要もありません。一人一人にできることはあります。「できることがある」と信じて行動を起こせば、個人の行動がやがて集団を刺激する。もし絶望に飲み込まれそうになったら、悲惨なニュースを追うよりも前向きなニュースに目を向けること。そうした心がけも大事だと思います。

“Dumb phone”

〝ガラケー〟が復活？ SNSとほどよい距離をつくる、シンプルな携帯電話「ダムフォン」の可能性

何もできない。だからいい！ 「ダムフォン」が人気のワケ

──SNS問題を語るときに欠かせないスマートフォンですが、最近は新たなトレンドが生まれているそうですね。

通話とテキストメッセージ、メールやアラームといった基本的な機能のみを搭載した「dumb phone（ダムフォン）」がじわじわと人気を集めています。

──Dumbはスラングで〝マヌケな〟という意味があるそうですが、〝賢い〟スマートフォンと違うということでしょうか？

そうですね。スマホのようなインターネットブラウジングやアプリのインストールなどの高度な機能は付帯しない場合が多いです。でもこの「ダムフォン」、あなどれないんです。実際に2023年、アメリカの人気ラッパーのケンドリック・ラマーと『Light』社がコラボしたシンプルな機能に特化したスマートフォン「Light phone Ⅱ」は、リリースされるとあっという間に完売になりました。

──2010年前後に流行した携帯電話、「ブラックベリー」みたいな見た目ですね。

「ブラックベリー」世代は懐かしさもあって、乗り換えた人もいたようです。

——Z世代は「ブラックベリー」を知らない人も多そうですが、人気を集める理由はなんでしょうか？

スマートフォンから離れたい理由がいくつかあるからです。

まずは環境面。スマートフォンは1年ごとに新モデルが発表されることが一般的ですが、リリースサイクルが短ければ短いほど、消費者は頻繁に新しいデバイスを購入する傾向があり、これによって古いスマートフォンが手放され、電子廃棄物が増加します。

また、スマートフォンの製造にはレアメタルなどの貴重な資源が必要で、頻繁にリリースすることで、資源の枯渇を加速させます。リチウムイオンバッテリーに不可欠なリチウムの採掘にも大量の水を必要とするため水資源の枯渇を引き起こしたり、活発な採掘活動によって、土壌汚染と生態系への悪影響を及ぼすとも言われています。

リチウムイオンバッテリーに使われる金属の中で、特にコバルト採掘においては児童労働など危険な労働環境が問題になっていて、**環境の面からも、人権の面からも懸念する声が聞かれます。**

そんな中で消費者はひとつのデバイスを長期間使いたいと思っていても、**使用しているうちにバッテリーが寿命を迎えたり、新しいアプリにも対応できなくなったりして、半強制的に使用が難しくなる。**

――物理的に買い替えなくてはいけなくなるということですね。リサイクルと再利用の取り組みも徐々に進められていますが、課題解決までの道のりは長そうです。だから、スマートフォンと距離を置こうとしている人が増えているのかもしれませんね。

SNSは友達とつながるツールから、消費を促す存在へ

また、SNS疲れがスマホ離れに直結しているという点もあります。

例えば、2024年6月現在約30億人のユーザーがいるというソーシャルメディアプラットフォームのFacebook。リリース当初は、匿名ではなく実名を基本とし、ユーザー同士の信頼性を高めました。友達とつながったり、新しい社交が生まれるという点において画期的で、世界中のユーザーがひとつのプラットフォーム上でつながることを可能にし、単なるSNSを超えた社会的インフラとして機能するようになりました。

ただ近年、成長は鈍化しています。特に若年層の利用が激減し、オワコン化しつつある。Facebook以外のSNSが台頭してきたことも理由に挙げられますが、プラットフォームのアルゴリズムをはじめ、Facebookのあり方自体が変わったことが大きいでしょう。ユーザーの興味・関心に基づいて広告配信を行うようになったり、botが増えたり、AI画像が使用されるようになったり。近年は年配ユーザーの間で陰謀論が繰り広げられていて、特に若者からは見ていられない状態だという意見もあります。

――Instagramはいかがでしょうか？

Instagramは当初、写真の撮影、編集、共有が簡単にできるシンプルなインターフェースとして使いやすさが際立っていたため、短期間で人気を獲得しました。フォローシステムによってユーザー間のつながりを強化し、写真をすぐにシェアできる機能は新しいコミュニケーション方法として一気に広がりましたよね。

でも今は、広告収入を増やすためのアルゴリズムが設計され、パーソナライズされた広告をユーザーに提供し、購買意欲を掻き立てるためのツールに。これに合わせてインフルエンサーやブランドがより効果的に商品をPRしやすくなりました。また、ショッピング機能も発達し、消費活動を刺激します。**つまり、資本主義的な目標を達成するために巧妙に設計されたプラットフォームになってしまった、ということです。**

また、**Instagramに代表されるSNSは依存度が高く、「FOMO＝fear of missing out」を助長するとしてメンタルヘルスへの影響が指摘されています。**「FOMO」とは、見逃したり取り残されたりすることの不安を表す言葉で、タイムラインを常にチェックして人と自分を比較することで、劣等感や疎外感、憂鬱な気分を引き起こすと言われています。

投稿を隅々までチェックして「この人とつき合ってる？」「もしかして転職したのかな？」「このエリアに住んでいるのかも」と推測したり、自分の状況と比べて落ち込んだり。でも、そもそもInstagramをはじめ、

SNSは「人生のハイライト」を表向きに演出する場所になりがちで、他の人のリアルな生活が映し出されているわけではない。**「SNSはフェイクだ」という認識を常に持っていないと、不安や劣等感を掻き立てられがちになってしまいます。**

――ショート動画に特化したTikTokや、撮った写真をあえて無加工で投稿するプラットフォームBeReal.はいかがでしょうか？

TikTokは新しいカルチャーや流行の発信源として若年層の人気を獲得していますが、新興アプリとの競争が激化して、ユーザーの登録数は鈍化している印象です。また、BeReal.も最近だと、私のまわりでやっている人はあまり見かけないですね。それよりもSnapchatのほうが人気かも。

――スナチャが⁉　人気の理由はなんだと思いますか？　日本でも一時期流行りましたが、今ではあまり使っている人がいない印象だったので、意外です。

〝SNS未満〟の感じがいいからではないでしょうか。Snapchatでは、アップした写真がインスタのストーリーズのように24時間で消えますし、「誰が誰をフォローしてるのかとか、過去の投稿が見られないからいい」という人は多いです。例えばクラブで出会った人にインスタのアカウントを教えるのは抵抗があるけど、スナチャのアカウントならいいという人も少なくない。でも、「Snapマップ」といって、今どこにいるのかを友達に開示できるオプションがあるのですが、それはそれで監視し合う感じがして私は苦手でしたが…。

「いいね」通知でドーパミンが出る？　SNS依存からの脱却がいかに難しいか

SNSアプリの開発側がアップデートを繰り返し、広告を優先的に出したり、話題性のあるインフルエンサーの投稿を流したりできるようになったことで、ユーザーはリアルな友達のポストや本当に知りたい情報を見逃してしまうようになりました。これは企業が利益をあげることを一番に考え、コストを削減している結果だと思います。

Xもイーロン・マスクが買収してから仕様が変わり、アカウントを削除する人が続出しました。 今日（2024年6月現在）もまさにシステムが変わって、ほかの人がどんな投稿に「いいね」をしたのかが見えない仕様になりました。個人的には「いいね」欄を見て、その人がどういう考えを持っている人なのかを参考にできたのに…。また、Xで広告収益を得ることを目的とした〝インプレゾンビ〟（閲覧数の多いポストにゾンビのように群がり、その内容を盗用したり、意味のない返信を繰り返してインプレッションを増やそうとするアカウント）のような迷惑投稿を行うアカウントが乱立したり、誹謗中傷の投稿が伸びやすくなったり。

――不健康なほうへと変わっている。

SNSは中毒性が高いことも深刻な問題です。「いいね」やDMなどの通知がくるたびにドーパミンが出て、それが依存症につながっていると言われている。 Z世代に人気の俳優であるセレーナ・ゴメスも、メンタルヘルス上の理由などでたびたびSNSを休止しては、数日からしばらくたって、また再開するということを繰り返しています。

――数日は早い！　それほどSNS依存からの脱却は難しいということなのかもしれませんね。

あえて不便なものに回帰し、本当の意味で「休息」する

――実際に「ダムフォン」を使っているのはどんな人でしょうか？

ＮＹＣなどの都市部に暮らすおしゃれな子たちの間で人気という印象があります。日本でもノスタルジックなデジカメが一部の若い子たちから人気を集めているのと似ていると思う。**Ｚ世代は物心ついたころからiPhoneやＳＮＳがあった分、よりリアルな世界とのつながりを求めていて、マインドフルに生きるためにはスマホやＳＮＳと距離を取る必要があると感じているんだと思います。**

――「ダムフォン」の人気は広がりそうでしょうか？

まだ未知数ですが、**「ダムフォン」やフリップフォン（日本の〝ガラケー〟）に変えてから、ＳＮＳから離れ、友達とリアルで会う時間が増えたり、本を読む時間が増えたというポジティブな反応を示す人も多いです。**

２０２３年、「bed rotting」といって、「ベッドで腐ること＝ずっとスマホをスクロールしてベッドから起きられない」という現象が話題になりました。仕事や学校など社交的なつき合いで疲れを感じる中で、ベッドでダラダラすることはセルフケアのひとつだと言われていましたが、それがあまりに常態化すると、睡眠の質の低下を引き起こし、精神衛生上よくないと言われています。

スマホを眺めて不安や不満を増大させるよりも、「ダムフォン」に変えて読書や瞑想などの時間を楽しみたい。本当の意味で休憩したい――。**「ダムフォン」の台頭は、本来の自分を取り戻したいという人々のムードの表れなのだと思います。**

"Sephora kids"

アルファ世代がアンチエイジングに夢中!? 「Sephora kids」から考える、美容とお金とメンタルヘルス

10代前半でレチノール？　美容にお小遣いを注ぎ込む子どもたち

欧米を中心に展開している化粧品小売チェーンの『Sephora（セフォラ）』を知っていますか？　自社ブランドからラグジュアリーブランド、ドラッグストアブランドまでさまざまな製品を取りそろえていて、美容業界のトレンドをリードする存在です。**もともとファン層はかなり幅広いのですが、最近はアルファ世代（2013年生まれ以降の世代）、特に日本でいう小学生や中学生の年齢の子どもの来店が目立っていると話題になっています。**

――どうして『Sephora』に子どもたちが!?

この現象は美容インフルエンサーの影響によるところが大きいと言われています。アルファ世代はスマートフォンやタブレットが当たり前にある環境で育ち、YouTubeやTikTok、Instagramなどのプラットフォームを日常的に頻繁に利用しています。近年は子どものインフルエンサーの増加も顕著。デジタルデバイスを使いこなす子どもたちは自身でコンテンツを作成し、気軽に公開していて、**アルファ世代のインフルエンサーが「GRWM（Get Ready With Me）」や「morning routine（モーニングルーティン）」**などの美容コンテン**ツでスキンケアやコスメを紹介することで、**視聴者である同世代の子どもが影響を受け、美容に関心を持ち、**「インフルエンサーと同じものが欲しい」**と購入意欲を掻き立てられる。

――大人とまったく同じ構造ですね。

同年代の影響だけではありません。アルファ世代の親はミレニアル世代（1981年〜1996年生まれ）にあたる場合も多く、**親が日常的に美容トレンドやスキンケアルーティンに関心を示すことで、子どもたちも少なからずその影響を受けていると言われています。**また、近年セルフケアとウェルネスが重要視されるようになったことと合わせて、スキンケアはその一部とみなされる傾向があります。健康的で美しい肌を維持することがセルフケアやウェルネスの一環としてマーケティングされている風潮もあり、「年齢的に、メイク用品を買ってあげることには抵抗があるけど、スキンケアならいいか」という発想に親もいたりやすいのです。

10代前半から〝老い〟を恐れる背景

——スキンケアの意識が高まって、自分をケアすることは一見いいことのようにも思いますが。

ただ、若い肌への長期的な影響に警鐘を鳴らす専門家もいます。一部の子どもは、「老けたくない」という強迫観念から、10代前半から大人向けのスキンケア製品も購入していると言われていて、そのアイテムの中には、刺激が強いと言われるレチノールやスクラブ剤が入ったものもあります。これらはアンチエイジングのスキンケアアイテムに含まれる場合が多く、**若い年齢の肌には負担がかかる可能性があるため、専門家は年齢的に不要な場合は使用を避けるよう勧めています。**

「大人が使っているものを自分も使いたい」と無邪気に使っている10代前半の子どももいると思いますが、「美容に関心があると回答したアルファ世代の調査」では、アルファ世代の15%が歳をとることに「憂鬱」と答えたという結果も。そうした子どものうち51%が、老化を遅らせたり、老化に対抗するために月に100ドル以上を使うという回答結果もあります。ちなみに、歳をとることに「憂鬱」と答えたのは、Z世代では15%、ミレニアル世代では24%。アルファ世代はほかの世代と比べて、シミやシワを気にする人も多く、**若年層で**

ありながらいかに老化を恐れているかがわかると思います。〈※1〉

――子どもの場合は老化ではなく、成長ですよね。

そうなんです。**ミレニアル世代以上が感じている〝老いに対する不安〟が10代前半までの低年齢層に少なからず影響を与えていて、大人にも責任の一端があると指摘もされています。**若く見えることにこだわり続けることは、アルファ世代に対して、加齢することや美の基準についてのメッセージを送り続けていることになります。

今ではヒアルロン酸フィラーやボトックスでの「微調整」は最新のステータスシンボルとなっていて、若手俳優やセレブ、インフルエンサーの影響で一般の人にも身近なものとなってきているのは事実です。でも、明らかにやりすぎて不自然な見た目になっているセレブもいますよね。

――そうですね。整形や微調整に一度ハマると、そこから抜け出すのは容易ではないのかもという印象も受けます。

美容意識の高まりとルッキズムのつながり

また最近は、アルファ世代に特化した新しいブランドが数多く生まれていて、10代前半までの若年層が美容マーケティングのターゲットにされていることを懸念する人もいます。

その弊害として、**メンタルヘルスへの影響は大きく、ルッキズムを助長するという指摘があります。**成長期は肌の状態や体重など、見た目が変わりやすいですよね。なのに「画一化された美の基準」「完璧な肌」といったイメージがSNSなどを通じて刷り込まれると、そこからはずれることに恐怖を覚えてしまう。美容への過度な関心は自己肯定感の低下などメンタルヘルスにも影響を及ぼしかねない。

――完璧な外見を追求することで、ストレスや不安が増加し、鬱病や摂食障害のリスクが高まる可能性もあるとも言われていますよね。

そうですね。また、経済的負担や心的負担もスルーできない。若い頃から高価な製品を頻繁に購入することで金銭的なストレスが発生しますし、スキンケアに過度に依存することで、特定の製品がないと不安を感じるようになるというリスクも懸念されています。こうした要因が組み合わさって、**若い世代をとりまく美容業界の利益重視の活動に疑問の目が向けられています。**

「Sephora kids（セフォラキッズ）」がSNS上で話題になったとき、そこに映し出されていたのは、子どもたちが『Sephora』などのショップのテスターや陳列をめちゃくちゃにしたり、座り込んで通路をふさいでいる様子でした。ただ、こうした状況も「子どもやその親が悪い」とひと言で言いきれません。

カリフォルニアではレチノールの販売年齢に規制が？

というのも、**アメリカの都市部では今、子どもが安心して遊べる公園や図書館が閉鎖されたりして、楽しめる場所が急激に減っています。**そうなると、親と一緒にショッピングモールに行くしかない。**これまではおもちゃをねだっていたけれど、SNSの影響によって、それが化粧品に置き換えられてしまった。**今までは小学生やティーン向けの雑誌やテレビ番組などがたくさんありましたが、今は子どもも大人と同じSNSのプラットフォームを使っていますからね。

うか？

──「Sephora kids」に象徴されるような、子どもをとりまく環境のあり方について何か動きはあるのでしょうか？

先日、レチノールなどの特定成分を含むアンチエイジング化粧品を13歳未満に売らない法案をカリフォルニアが検討していると報道がありました。子どもの健康やメンタルヘルスを考えて、親や企業、社会が子どもを最優先に考え、適切なガイダンスを提供することが今後より求められています。

美容に依存している子どもについて考えるとき、そのまなざしを自分に向けると、美意識がどのように形成されているのか、そして、企業のマーケティングとＳＮＳによっていかに必要のないものを買わされているのかという現実を客観的に見られるのではないでしょうか。

〈※1〉https://www.businessinsider.jp/post-288542

竹田ダニエル 対談 SIRUP

自分はファンの方に対して「人間らしくいさせてもらっていいですか?」という気持ちなんです

仕事のパートナーでもあり、プライベートでも毎日連絡を取り合うほど仲がいいというアーティストのSIRUPさんを迎え、「SNSとメンタルヘルス」について、対談していただきました。

アーティスト
SIRUP

ラップと歌を自由に行き来するボーカルスタイルと、自身のルーツであるネオソウルやR&BにゴスペルとHIPHOPを融合した、ジャンルにとらわれず洗練されたサウンドで、誰もがFEEL GOODとなれる音楽を発信している。これまでにイギリス・韓国・オーストラリア・台湾などのアーティストとのコラボ曲をリリースしている他、アイリッシュ・ウイスキー『JAMESON』、オーディオブランド『BOSE』、自動車メーカー『MINI』とのコラボレーション、2022年には自身初となる日本武道館公演を開催するなど、日本を代表するR&Bシンガーとして音楽のみならずさまざまな分野でその活躍を広げている。

仕事仲間であり、互いの弱さや悩みを打ち明けられる友達

――まずはお二人の出会いから教えてください。

ダニエル　2019年頃、音楽業界やアーティストのメンタルヘルスについて発信していた時期に、グラミー賞にノミネートされたこともあり、アメリカで長く暮らしていたプロデューサーのstarRoさんと、Xを通じて知り合いました。その流れでSIRUPともつながったんです。その後、starRoさんが場を設けてくれて、初めて会ったんだよね。

SIRUP　そう。**当時、日本の音楽業界について鋭く批判している人っていなくて、ダニエルの発信を初めて見たときは「俺が思っていたことを言語化している人がいる!」と驚いたし、うれしくなりました。**対面で会ったあとはコロナの自宅待機期間に入ったのですが、Zoomを通じて「英語教えて」という感じでやり取りがスタートして。しだいに英語の練習よりも人生の話ばかりするようになり(笑)、今ではチームとして仕事も一緒にする関係です。

ダニエル　最初はSIRUPの日本語の歌詞を英訳したり、発音のアドバイスをしたりといったかかわり方でしたが、今では海外アーティストとのコラボレーションや海外案件の交渉など、SIRUPチームの一員として仕事をしています。

――出会ってからお互いの印象は変化しましたか?

ダニエル　すごく変わりました。SIRUPは歌もうまいし顔もかっこいいから、たくさんの人にチヤホヤされていて、何の悩みもない人なんだろうなと思っていたら(笑)、**音楽業界の問題や社会問題にもすごく関心があると知ってイメージが変わりました。**

ＳＩＲＵＰ　ええギャップやな（笑）。

ダニエル　実は、ものすごく〝人間的〟な人。まあ、人間的すぎて苦労することもあり、今となっては〝ちょっと大変な兄〟って感じですね。

ＳＩＲＵＰ　こっちも「あいつ大変やな」と思ってるで（笑）。**とはいえダニエルは、考え方や発言が学びになることばかりで、いつも「すごいな〜」と思ってたけど、知り合って１年ぐらいたってからは、「あ、ダニエルも普通の学生なんや」と思うようになりました。**

出会ってからすぐパンデミックがはじまって、思うような学生生活が送れなくなったことを聞いていたから、徐々に日常が戻ってきたと知ったときは「ほんまによかったなぁ」って俺が感極まって泣いてしまったくらい（笑）。

ＳＮＳでのネガティブなコメントの背景にある「社会構造」を考える

――お二人は多くのフォロワーを抱え、ＳＮＳがプライベートや仕事と深く結びついていらっしゃるように感じます。これまでＳＮＳへのコメントや反応で、心の健康に影響があった経験はありますか？

ＳＩＲＵＰ　自分は２０２１年ぐらいがいちばんハードで、きついコメントが来ることがありました。例えば「政治的な発言をしないでほしい。ファンとして残念です」とか「これ以上タトゥーを入れてほしくない。もう曲が聴けなくなりました」とか。

でも、ダニエルやチームのメンバーと話をするうちに、こういった否定的なコメントは一人一人の意見というよりも、ひとつの社会現象を反映しているものとしてとらえるようになりました。人に対して否定的な言

葉をかける背景には、どういう社会構造があるのかを考えるようになった。今はリプを見ないようにしているので、嫌な気持ちになることがないですね。

ダニエル　SNSへのとらえ方が変わったのは、自分の公式アプリ『channel SIRUP』を立ち上げたのも大きかったんじゃない？　アプリでは動画やブログが見られる以外に、ファンと直接交流する場も設けられているんです。Xは不特定多数の人が閲覧できるので、批判的なコメントが来ることもあったけど、クローズドなファンコミュニティを作ってからはファンの方たちに、SIRUPがどういう人なのか、どういう考えを持っているのかがよりわかるようになったと思う。

SIRUP　自分が共感した社会活動を行う団体と一緒にチャリティやドネーションの企画もやったりしているし、タイムラインは自分だけが更新するんじゃなく、ファンの人も日常で感じた疑問や違和感を共有してくれます。そこからみんながそれぞれきっかけを持って、いろんなやり取りが生まれている。自分自身救われているなって思います。

自分はファンの方に対して「人間らしくいさせてもらっていいですか？」という気持ちなんです

ダニエル　SIRUP自身、コミュニティ内ではメンタルヘルスや社会問題の話もよくしているし、パーソナルな悩み事を打ち明けてくれるファンの方も少なくないよね。

SIRUP　そうだね。臨床心理士・公認心理師のみたらし加奈さんをゲストに呼んで、みんなの質問を一緒に考える会をやったりしたことも。自分の発言がすべて正しいとは思わないし、学んでいる途中なんです。だから、ファンの方たちにとっても学びの場となればいいなと思う。

ダニエル　私はアーティストも同じ一人の人間であることがもっとみんなに認知されるべきだと思う。表現活動をしている人は人一倍感受性が高い。だからこそ、表現できることもあるけれど、その一方でアーティストの人権は蔑ろにされやすいんです。音楽業界はアーティストに〝カリスマ性〟を持たせることでファンを獲得してきた歴史があるから。

本当はミュージシャンだって私たちと同じ人間で、政治的な発言をしたり、精神が不安定になることだってある。**だから、SIRUPが「人間らしさ」を開示することは、これまでのアーティストへの偏見を覆す、とても意味があることだと思うよ。**

SIRUP　自分はファンの方に対して「人間らしくいさせてもらっていいですか？」という気持ちなんです。人間らしいふるまいを肯定することが、結果的にみんなの肯定にもなると思う。誰だって失敗することもあるし、調子が悪いときだってある。それを指摘したり、攻撃したりするのではなく、認め合える社会を作りたいなと思っています。

批判的目線を、SNSへのコメントではなく政治や社会問題に向けてみる

――それでも、SNSによって見ず知らずの人の意見に傷つけられたり、ネガティブな感情を抱いたりしてしまった場合は、どのようにその感情と向き合っているのでしょうか？

ダニエル　私がダメージを受けるのはXで否定的なコメントを受け取ったとき。ごくたまに、前後の文脈を読まずに「間違いだ」と指摘したり、言ってもいないことを「こんな発言をした」と攻撃をしてくる人がいます。**もちろん、すべての人に好かれようなんて思っていないですが、ネガティブな発言がくると、自分が悪いことをしてしまったような気持ちになって落ち込むこともある。**アメリカに暮らしながら、日本のこと

を発言することに対して、「何なんだコイツ⁉︎」と思われやすいこともわかります。私が客観的に「竹田ダニエル」を見ていても、そう思うことがあるから。

SNSの反応によってつらくなったときはSIRUPや友達、仕事仲間に愚痴を言います。私自身、弱さを吐き出せる環境があることは恵まれていると思う。

SIRUP　自分は否定的なコメントを見なくていいように通知をオフにしているので、基本的に知らない人のコメントで傷つくことはないですね。

ダニエル　**そもそも私がSNSを始めたモチベーションって、アーティストが言いにくいことを代わりに発言することで、音楽業界がよりよい環境になる手助けをしたいと思ったからなんです。**それをきっかけにコラムを書いたり、本を出したりして、今は音楽業界の人だけでなく、さまざまな方から「自分の世界が広がった」とか「閉塞感から抜け出せました」といった前向きなコメントをいただくようになりました。だから、そういう方たちのためにもSNSを通じて自分の思いや気づきは発信していきたい。狙ったつもりはなくても時々コメントがバズったりすると「フォロワー稼ぎしてる」と言われることもあり不本意ですが。

SIRUP　そう言ってくる人は自分がフォロワー稼ぎしたいんじゃない？　そういうコメントを見ると、「頑張って攻撃しているな」と自分は思うな。「フォロワーがたくさんいるからいい思いをしているんでしょ」って妬みベースの攻撃をする人もいると思うから。

ダニエル　有名人やインフルエンサーには何を言ってもいいと思われているよね。**その過激なエネルギーを政治や社会問題に向けていけたらいいのにな、と思いますね。**

あなたの価値がわからない人とは、一緒にいなくていい

――『yoi』でアンケートを取った際、「SNSのストーリーズで自分が誘われていない飲み会や集まりを知って落ち込む」という意見が複数ありました。そんな方々に、お二人ならどのような声をかけますか？

SIRUP 自分も中・高校生のとき、同じように落ち込んだことがあるので、気持ちはよくわかります。でも、今はダニエルとか深い話ができる友達がいてくれるから、自分が誘われていない飲み会が開かれていると知っても気にならないですね。「あの人たちは俺の魅力がわかっていないんだな」と思ってます(笑)。あとは、アーティストとして何千、何万人の前で舞台に立つ機会があるから、孤独を感じにくいというのもあるのかもしれない。

ダニエル 確かにね。でも、アーティストだって舞台から降りれば一人の人間。何千、何万人という観客を前にしているアーティストこそ、一人でいるときとのコントラストは強いんじゃないかな。

日本語で「俺の魅力がわかっていない」と言うと自意識過剰に聞こえるかもしれないけど、**自分の価値を理解していたら、自分を必要と感じていない人から誘われなくても落ち込まなくていいんですよね。自分を取り繕ってまで人に好かれようとしなくていい。自分の価値を理解してくれる人と信頼関係を結んだほうが、メンタルヘルスを保つためにもいいと思うんだよね。**

〝SNSはフェイク〟。人生のハイライトを切り取った写真に一喜一憂しなくていい

――SNSによって常に誰かとつながれる時代。情報をつかみに行くつもりはなくても、知りたくなかったことを知ってしまったり、コミュニケーションが増えて疲弊するという声もあったのですが、お二人はど

うですか?

SIRUP 仕事中や友達と会っているときは、SNSを見ないですよね。自分は家に一人でいるのが苦手で友達と会う時間が多いので、自然とデジタルデトックスできているのかなと思います。最近は全然できていないけど、家に一人でいるときは絵を描いたりもする。

ダニエル 私は誰かと比べて自分が劣っているように感じるときは、今、自分が手にしているものを見つめるようにします。好きなアーティストと仕事ができていることや、本やコラムを出せる環境があること、大学院で興味のあることを学べていることとか。

ちなみにアメリカでは、"social media is fake"という考えが、はっきりと浸透しているんです。SNSは人生のハイライトのような瞬間を切り取って掲載しているだけ。キラキラした毎日を送っているように見える人が、その裏で激しく落ち込んだり、怒ったり、悲しい思いをしていても私たちは知らない。だから、SNSだけを見て、そこまで羨ましいと思う必要は、本当はない。

あとは、"photo dump"といって、盛れている写真だけでなく、あえて盛れていない写真やブレている日常の写真なども含めて、撮り溜めた写真をまとめて投稿するやり方がありますが、今はそういった飾らない投稿のほうが受け入れられているかも。ブレていたり、無加工の写真に慣れてくると、日本のキラキラしたSNSも冷静に見られるようになったから、そういう手もありかも。

――たくさんの情報があふれている今、SNSや情報とどのように距離を取っていますか?

ダニエル Xに関して言えば、もし事実と異なるネガティブなコメントを送ってくる人がいたら、**「攻撃的な人はSNSを人生の苦しさのはけ口にしているだけ」と考えるようにしています。それでも時々、差別的**

な発言をする人に対して批判的な意見を述べたくなることがあるけど、SNSで発信する以上できるだけ倫理的でありたいと思うし、いつも弱者の味方でありたい。その気持ちを忘れずにいれば、うまく距離も取れるし自分の発言に自信もつくと思っていて。

「Xをやらなきゃよかった」と思うこともあるけれど、こうやってSIRUPともつながってるし、たくさんの機会をくれた場所でもあるから、自分のペースで使っていきたいですね。

天井を5日間見つめ続けてしまう自分でも、否定しないで

——お二人は、どのようなメンタルケアを取り入れていますか？　自分をエンパワーするために取り入れているマイルールなどがあれば教えてください。

SIRUP　**僕は人に会うことがエンパワーになっていますね。**家に一人でいるときは、絵を描く時間がメンタルのケアでありメディテーションの時間になっている。あとは、考え事で頭がいっぱいになっているときは「怖い話」を聞くようにしています。余計なことを考えなくて済むので。

ダニエル　アメリカのZ世代の間では「bed rotting＝ベッドで腐る」がトレンドワードなんです。「bed rotting」以外にも「girl resting」「girl lying down」とか、資本主義的な「girlboss（P53）」に対抗していろいろなミームがあるんですが、要は**「鬱々としていたり、不安なときはベッドから出られないこともあるよね」と認めてあげるということなんです。**それをニヒリズムを込めてユーモアに変えている。

生産性を求める社会の中で、何かを成し遂げないとダメなんじゃないかと感じてしまう人は多いじゃないですか。「無理」と弱音を吐くことや、逃げることにすら罪悪感を感じてしまう。**タフな環境で働き続けるこ**

とが美化されているけど、「休みたい」と思うことは怠け者でもなんでもないんです。

SIRUP　確かに。その話を聞いていると、自分も絵を描くときって「うまく描こう」とか思わないし、何ひとつこだわらないんですよ。無意識に「生産性」にとらわれないようにしているのかなと思う。

ダニエル　そもそも、自分のメンタルヘルスを保つために、「意味のあること」をしようとしたり、必要以上に何かを買ったりしなくてもいいと思うんです。メンタルヘルスやセルフラブのために何かを消費したり、生産性に結びつけたりしがちなのは、そのほうが社会的に受け入れられやすいから。**本当に心が疲れてしまったときは、何もせず、ただただ天井を5日間見つめ続けたっていいと思う。**もちろん、外を散歩するとか栄養のあるものを食べるほうが体にはいいのかもしれないけど、自分に厳しくしすぎないことも大事。**厳しくしないことで、ほかの人へも同じように「そうだよね、心が疲れたときは何もできないよね」と思いを馳せられると思います。**

第4章

恋愛・人間関係

"Solo date"

アメリカのZ世代的価値観における〝恋愛と性〟とは？「ソロデート」って何？

マッチングアプリがもたらした、恩恵と弊害

――今回は、アメリカのZ世代的価値観における〝恋愛〟や〝性〟について伺えればと思います。はじめに、新型コロナウイルス感染症のパンデミック以降、出会い方や恋愛のとらえ方はどう変わったと感じますか？

まず対面での出会いが減り、マッチングアプリで出会うことが当たり前の選択肢になりましたよね。それだけでなく、**「出会うまでのプロセス」にも変化があったと感じています。**

例えばパンデミック以降、マッチングアプリのプロフィール欄に、趣味や職業だけでなく、「ワクチンを打ったかどうか」など新型コロナウイルスに対するスタンスや、自分の「政治観」について表明する人がとても増えたと思います。**『Hinge(ヒンジ)』というマッチングアプリには、リベラル、保守、中道など、自分が支持する政治的信条を選ぶ項目もあるんですよ。**

――政治的信条まで表明するんですね。日本ではあまり見ない風潮な気がします。

その理由として、パンデミックを経験し、「自分はどう生きたいのか」という問いに向き合う人が増えたこと、それに応じて政治への興味・関心がより高まったことが挙げられると思います。**恋愛も同じで、自分が何を大切にして生きていきたいのかを明確にし、その価値観が合う人とつながりたいという人が増えたのではないでしょうか。**

――アメリカでは以前から、恋人関係になる前の〝お試し期間〟＝「デーティング」という文化が広く浸透しているそうですね。そこに変化はありましたか？

パンデミックだけの影響かはわからないですが、デーティングがよりライトになった、「カジュアルデーティング」を選択する人が増えたと思いますね。特定の人と〝本気でつき合う前のお試し〟をする、というよりは、不特定多数の人と同時並行でデートをする、というイメージでしょうか。ここで注目したいのは、**カジュアルデーティングの背景に「反コミットメントカルチャー」が深く関係しているということ。**

――反コミットメントカルチャーとは、どんなものなんでしょうか。

一人の人と深い関係を築くこと＝「コミットメント」を避ける現象です。それは恋愛だけでなく人生全般においても浸透してきていると思います。

その理由のひとつには、「未来への不安」が挙げられます。Z世代は、幼い頃から環境破壊や政治不安などさまざまな問題について、SNSを通して身近に感じてきた世代です。また、パンデミックのように突然社会が変わってしまい、それがいつ終わるかもわからないという不安にも直面している。**そうなると、不確定な将来に向けて今の時間を使うよりも、目の前の生活や自分の精神的な安定を維持することのほうが大事になるわけです。**

恋愛においても同じような現象が起きています。**「〝どうなるかわからない将来を一人の人と築いていくこと〟に賭けるより、〝恋愛の楽しいところだけを誰かと共有して、今を楽しむことに捧げたい〟」と考える人が増えているということです。**

――なるほど…。パンデミックによる社会の変化が、人々の考え方にも影響を及ぼしたんですね。

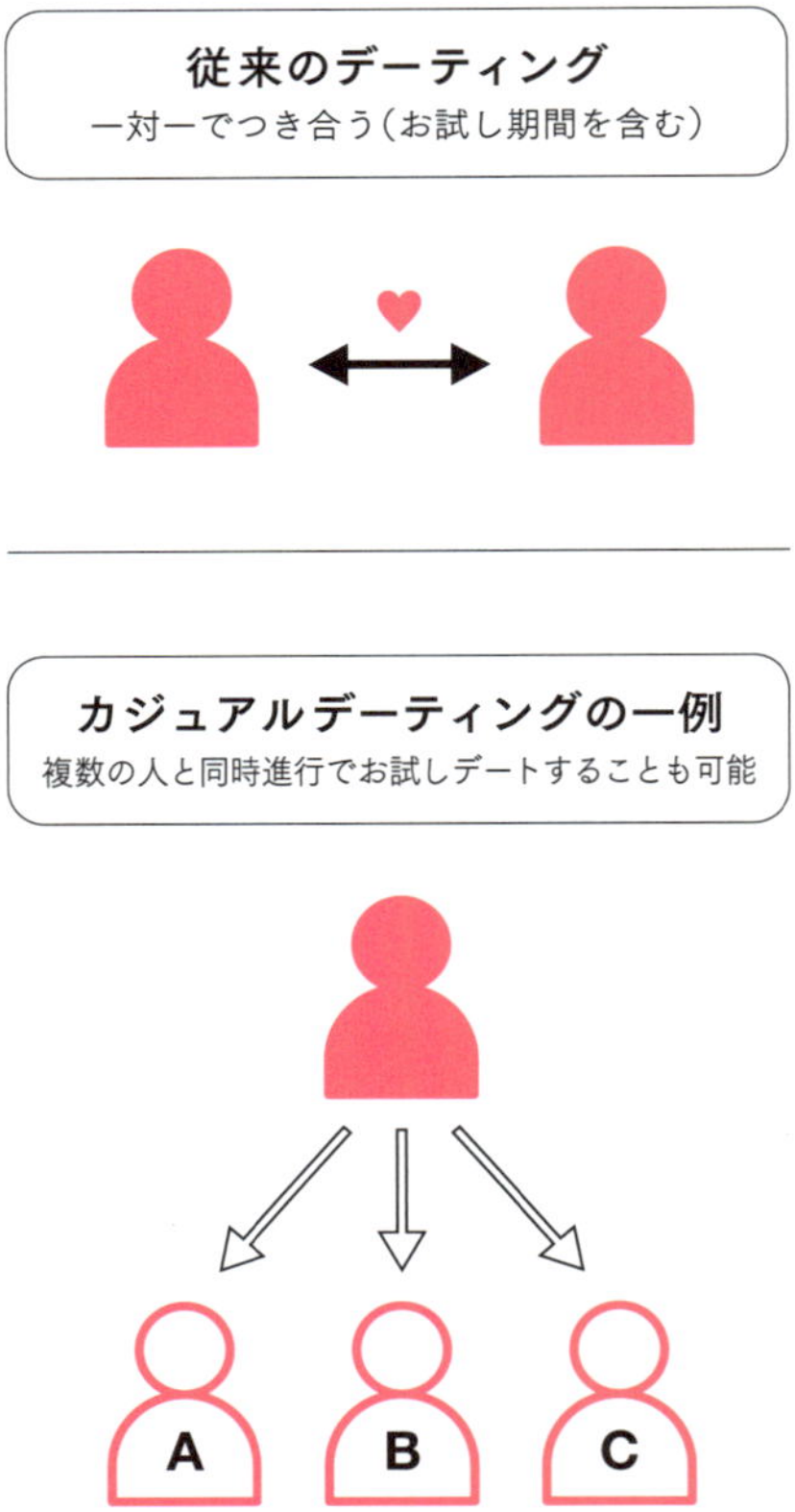

ただ、マッチングアプリは気軽な出会いをもたらしてくれた一方で、他者に対するリスペクトを薄れさせてしまったのではないか、という指摘もあります。誰かとマッチしても深い関係を築こうとせず、ほかの人と会い続けて比較する。これはあまり誠実な態度ではないですよね。

また、**Z世代を中心に浸透している「セルフラブ」「セルフケア」＝〝自分を大切にする概念〟を曲解して、自分に利益をもたらさない人との関係を簡単に切り捨ててしまう傾向もあります。**一方的に連絡を絶ち、音信不通になる「ゴースティング」をした／されたという話もよく聞きます。

関係性の多様化で、〝つき合う〟ことへのハードルが上がっている

――反コミットメントカルチャーが広がる中で、新しく浸透した恋愛における概念などはありますか？

最近では、「situationship（シチュエーションシップ）」という関係にある人が多い気がします。日本でいう「正式につき合っているカップル」は英語で「exclusive/serious relationship（エクスクルーシヴ／シリアスリレーションシップ）」と呼ばれ、友達や家族にパートナーとして紹介されたり、同棲したりしている間柄です。一方、端から見ればエクスクルーシヴやシリアスな関係に見えても、双方のあいだで「つき合っている」という確認が取られていない場合は、「シチュエーションシップ」と呼ばれます。この状況の場合、お互いの存在を親や友人に恋人として紹介することはあまりないですし、互いにほかの人とデートしてもＯＫという暗黙の了解がある場合が多いです。

また、これは新しい概念ではないですが、お互いの合意のもと複数人と同時に親密な関係を築く「ポリアモリー」という恋愛スタイルをとっている人や、交際や結婚をしていてもほかの人とも関係を持つことにお互いに合意している「オープンリレーションシップ」という関係性を選択している人もいます。

実際、私のまわりにもエクスクルーシヴやシリアスにつき合っている人はかなり少ないです。**関係性の選択肢が多様化したことで、今までの感覚で言う「正式な恋人」になるハードルが上がっていると感じますね。**

――「デーティング」と「シチュエーションシップ」は、また別ものということですよね。

デーティングは本来、〝つき合うことを前提としたお試し期間〟で、シチュエーションシップは、〝つき合うことを前提とせず、恋愛のいいところだけを抽出した関係性〟というイメージです。ただ、個人的にはもはやデーティングという概念すら、最近は意味をなさなくなってきていると思っています。

というのも、2014年頃からマッチングアプリ『Tinder（ティンダー）』が人気を獲得していく中で、**若者のあいだで一夜限りの体の関係だけを持つ「フックアップカルチャー」が常態化してきた背景があります。**このカルチャーの台頭により、つき合うことを前提とした旧来のデーティング文化がくずれ、シチュエーションシップのあり方が生まれてきたと考えています。

Z世代には、「自分のジェンダーやセクシュアリティがまだわからないから、いろんな人とつき合って自分の指向性を探りたい」という人もいます。だから、**たとえひとつの関係がうまくいかなくても、それは失敗ではなく冒険。〝失敗〟の価値観が薄れてきているのかもしれません。**

私は私とデートする。「ソロデート」とは？

一方で、関係性が多様化する流れに伴い、恋愛そのものに疲れてくる人が増えている現状も。**誰かとデートしたりつき合ったりするよりも、自分とのデート＝「solo date（ソロデート）」を楽しもうというコンセプトが広がりつつあります。**

日本では「ソロ活」という言葉があるように、一人で外食したり、外出するのに抵抗感がない人も多いですが、アメリカはいまだにカップル文化が根強く、大勢の人の中に一人で行くことが苦手な人も多い。エクスクルーシヴな関係でなくても一緒に出かけることが当たり前になっていくと、カップルであるかのような錯覚に陥る。でも、正式な恋人ではないから、相手が自分の誕生日に何もしてくれなかったり友達に紹介してもらえなかったりすると、「自分は愛されていないのではないか」「愛される資格がない人間なんだ」と感じて、自尊心が低くなってしまいます。

そこで**そのカウンターとして、誰かに愛されることを重視する幸せの測り方をするよりも、自分で自分を幸せにしたらいい、という考えが広がりはじめているんです。**気になっていたレストランや憧れの国に行く

など、自分の夢を自分でかなえてあげる。そんな「ソロデート」が支持されはじめています。

例えばうまくいかなかった恋愛を振り返ったとき、「もっと自分が従順であればよかったのかな」とか、「もっと外見を磨いておくべきだった」と考える人もいると思います。でもそれでは、ありのままの自分ではなく〝誰かになりすましたバージョンの自分〟が愛されているだけであって、持続可能ではないですよね。**たとえ誰かと深い関係を築いたとしても、その人と別れるかもしれないし、未来のことはわからない。そう考えると、最後まで自分と一緒にいるのは自分しかいないし、自分との関係性を健康的に維持できなければ意味がない。**

〝Focus on myself〟という言葉も広がってきていますが、結局自分に向き合い、自分であることの自信を培うこと。私たちには今、そういう練習が必要なのかなと思います。

"Male loneliness"

孤独を感じるのは、コミュニケーションスキルが低いから？「有害な男性性」と孤独のつながりとは

「男性の孤独」はなぜ社会問題になるのか？

今、アメリカでは「male loneliness（メイル・ロンリネス）＝男性の孤独」問題が話題になっています。

――具体的にどのようなことが問題視されているのでしょうか？

近年日本でも〝弱者男性〟という言葉が使われることがありますが、**アメリカでも貧困・独身などの要素がある男性を中心に、「男性が孤独を深めている実態を社会が救わなくてはいけない」と言われているんです。**

しかしここで併せて考えたいのは、男性の孤独は〝社会問題〟として扱われるのに、女性の孤独は問題視されにくいということ。そのアンバランスさを、もっと語るべきだと思うんです。

２０２３年、『ＣＤＣ（アメリカ疾病予防管理センター）』が「悲しみ」と「暴力」を経験するティーンの女子が増加しているという統計〈※１〉を発表しましたが、その際も、この結果があまり注目されていなかったように感じます。

そもそも女性は長いあいだ、社会に参入できずに孤立を経験してきた歴史がありますが、その声は長年無視され続けてきました。また、**自閉スペクトラム症などの発達障害に伴う特性は、長年白人男性を中心に臨床実験がされており、女性に焦点が当てられてきませんでした。〈※２〉**女性が「人とコミュニケーションを取ることが苦手で孤独を感じる」と叫んでも、その声は「ヒステリー」と嘲笑されたり、軽視されてしまう。

『CDC』は統計と合わせて「女子生徒のストレスを軽減させるために学校ができること」などを提案していますが、女性たちが経験している男性による暴力の問題や、それによって生まれる「悲しみ」の根源的な理由は批判も説明もされていません。

つまり、**男性の孤独は社会問題の文脈で語られるのに、女性の孤独は「当たり前のもの」「個人の問題」として矮小化されがちということです。**

〝アルファ男性〟とは？　孤独な男性を誘惑する、強烈なマスキュリニティ

孤独を抱えた男性の中には、独身のままキャリアを大切にし自立したいと考える女性が増える中で、自分たちが〝不要〟になったと焦りを感じ、それが女性への憎悪に変わる人もいますが、そうした**過激な発想の背景には、「toxic masculinity（トキシック・マスキュリニティ）＝有害な男性性」が深くかかわっていると思っています。**男性は子どもの頃から「泣いてはいけない」「強くなくてはいけない」といった思想を刷り込まれている人が少なくないですが、こうした強いマスキュリズムを持った男性が女性蔑視とも取れる言動を放ってしまい、まわりから距離を置かれてしまう。それによって、自分がモテないのは「女性が悪い」という発想に変換されるのだと思います。

――なるほど。孤独と「トキシック・マスキュリニティ」がつながってくるんですね。

最近では、孤独を抱えた男性につけこむインフルエンサーもいます。元キックボクサーのアンドリュー・テイトは、圧倒的なマスキュリズムに基づいて「お金を稼ぐ方法」や「女性にモテる方法」をアドバイスするオンラインコミュニティを運営し、一部の若い男性の支持を集めていました。

彼は一貫して男性優位性を誇示し、「女性は男性の所有物」「俺はミソジニスト（女性蔑視主義者）」などといった発言で世間を騒がせてきました。**彼は自らを〝究極のalpha male（支配層の一軍の男性）〟と称し、若い男性に対して「お前が孤独なのは、弱々しい〝beta male（二軍の男性）〟だから」だと刺激し、カルトリーダーのように若い男性の支持者を集めていました。**

——日本語でいう〝肉食系男子〟、〝草食系男子〟などの表現が近いのでしょうか？

そうかもしれません。**もともと〝alpha male〟は哺乳類の群れのリーダーであるオスを指す用語ですが、これが転じて、支配的な肉食系男子といった意味のスラングとして使われています。一方の〝beta male〟はリーダーとしての強さや強靭な肉体を持たない、弱いオスと認識されています。**

〝Alpha male〟的、男性優位性の思想を刷り込まれた人は、極右の政治活動に同調する危険性があると指摘されていて、まさにアンドリュー・テイト本人は、度重なる差別発言でSNSのアカウントを停止され、売春斡旋と人身売買、暴行などの容疑によって、複数回逮捕されています。

——アメリカのドラマや映画を観ると、〝イケている男性〟はまさに〝alpha male〟のような描かれ方をされている印象があります。

でも、マッチョな男性よりも、ティモシー・シャラメやトム・ホランドのような優しそうな雰囲気が好きな人も多いですよね。大半の男性は女性を真の意味でリスペクトしていることは少なく、女性よりも男性からの承認を軸に行動を決定しているとも言われているので、何がモテるかモテないかも同性間のルールで決めてしまっていて、それが必ずしも「女性が思う理想的な男性」だとは限らないのだと思います。

アメリカでは、こうした行きすぎたマスキュリニティによって、男性が自分の弱さを打ち明けることがで

きない空気がつくられ、さらに孤独を深めるサイクルを生み出していると言われています。

車中心社会がゆえに、孤独を加速させてしまうアメリカの現状

――そうした社会的孤立の問題に対して、どのようなアプローチが行われているのでしょうか?

アメリカでの孤独問題を解決するキーワードのひとつに、「walkable city(ウォーカブルシティ)」が挙げられます。車中心社会のアメリカでは、これまで大都市以外、〝車ありき〟の街づくりがされてきました。しかし最近では、**徒歩圏内で生活できるウォーカブルシティがコミュニケーションを活発化させるアイディアのひとつとして注目を集めているんです。**

例えば大学が集まる学生街は、徒歩圏内に商業施設やスーパー、コーヒーショップが配置され、歩きやすさを意識した都市設計によって人が集まるスペースも作りやすくなっています。日本では当たり前かもしれませんが、**歩きやすい街って、それだけでそこに住む人との結びつきが深まりやすいんですよね。**

ただ、大学を卒業して就職すると、ほとんどの学生は車なしの生活が成り立たない郊外に行きます。日本のように就職しても学生時代の友達と頻繁に会うことは難しく、住んでいるエリアでも車中心社会がゆえに新しいコミュニティを築くことが難しくなって、物理的な距離が理由で人との交流が再びなくなってしまうことも。

「孤独=コミュニケーションスキルが低いから」という個人の問題に集約しない

こうした背景を考えると、孤独を「コミュニケーションスキルが低いから」「モテないから」といった個人

の問題に集約するのは短絡的すぎると思います。根本的な原因は、資本主義的な社会システムや教育、街づくりなどが複雑に絡んでいることなんです。そして、**孤独問題は男性だけではなく、すべてのジェンダーを包括する問題であり、決して他人事ではない。そのことを、私たちは忘れずにいる必要があるのではないでしょうか。**

〈※1〉https://www.cdc.gov/media/releases/2023/p0213-yrbs.html
〈※2〉https://www.scientificamerican.com/article/we-need-better-diagnostic-tests-for-autism-in-women/

“Girl ○○”

女性たちのあるあるネタ「ガール○○」ブームとは？あえて適当な食事をSNSで発信する社会的背景

賛否両論が巻き起こった「ガール○○」トレンド

２０２３年、TikTokを中心に「girl dinner（ガール・ディナー）」という言葉がトレンドになりました。

――「ガール・ディナー」とは具体的にどのようなものでしょうか？

端的に言うと、栄養バランスや盛り付けを意識したきちんとした料理ではなく、家にある食材を雑に盛り合わせて、自分がそのとき食べたいものを食べることです。２０２３年５月、オリビア・マーハーというTikTokユーザーがパンやチーズ、バター、ピクルスといった適当につまめるものを並べて「ガール・ディナー」と、その食事スタイルに名前をつけて投稿したところ大きな話題になりました。〈※１〉

あり合わせのもので食事を済ませるスタイルに共感した人が、ポテトチップスをお皿に乗せただけの食事とか、マカロニチーズをワイングラスに入れて食べる様子などを次々とポストしはじめた。**「実は女子（大人も含む）ってこんな生活をしているよね」というあるあるネタとして人気になったんです。さらに、そこから派生して、「girl math（ガール・マス）」といったワードが生まれました。**

――「ガール・マス」とは何でしょうか？

もともとはニュージーランドのラジオ番組『Fletch, Vaughan & Hayley』内で、**女性が自分のお金の使い方を「ガール・マス」と名付けて紹介していたのですが、そこには買い物するときの特殊な〝損得勘定〟が存**

在するということが話題になりました。〈※2〉

たとえば、「一度購入した洋服を返品した場合、返金されたお金で儲かったように感じる」とか、「ポケットからたまたま出てきたお札でワインを飲んだから実質無料」、といった独自の理論を展開したりとか…。そういうエピソードを、女性自らが「ガール・マス」と名付けて紹介したんです。

当初は笑いを交えて紹介されていたのですが、次第にミソジニー男性から「やっぱり女性は計算ができない」とか「女性はお金の管理が苦手だ」といった女性をバカにする意見が出るようになりました。また、同性からも「女性で数学が得意な人はいるのに、〝ガール〟とつけて一括りにしないで」といった指摘も目立つように。

また、前出の「ガール・ディナー」についても、ダイエットコーラやスムージーだけで夕食を済ませる投稿などが、摂食障害の美化につながると非難されるようになり、**「ガール〇〇」が批判や議論とともに、さらに話題になったんです。**

大人の女性が自ら〝ガール〟を名乗ることの意味とは？

――多様な性を尊重するアメリカで今、あえて〝ガール〟とつけることが少し不思議にも感じました。

この場合の**「ガール〇〇」は、家父長制の考えの外で展開される一個人の体験を共有して、「こういうことあるよね」と年齢や国境を越えて、共通項を確認し合い、幅広い連帯を生むことが目的だと思います。**そもそもの発端は男性との単純な比較ではなかったはず。当初は女性同士で笑い合って盛り上がっていた「ガール〇〇」がさまざまな議論を巻き起こしたのは、今、女性の権利が後退している現実があるからでもあります。

アメリカの一部の州で中絶の権利が剥奪されたり、いまだに女性の賃金が男性よりも低かったり。今も多くの人が職場で性差別を経験しているという現実もあります。そのため、男女平等を目指して頑張っているのに、「ガール〇〇」と女性を一括りにして発信することは従来の女性への偏見を助長し、家父長制に加担することになるという懸念もあります。ただ、**私自身は「ガール〇〇」は社会規範に対抗する意味合いがあると思っていて。**

「ガール・マス」の場合、これまで「女性の買い物は無駄遣い」とみなされることが多かった。だからあえて「ガール・マス」と名付けて、自分の消費行動を正当化するための計算方法が必要だった。**浪費や衝動買いをしてしまったとき、「実質無料」と罪悪感から自分を解放したくなるのは、従来の「女性の買い物はくだらない」という価値観へのカウンターなのではないでしょうか。また、「ガール・ディナー」は、「女性はきちんと料理をしてきれいにお皿に盛りつけるのが当たり前」といった前時代的なジェンダーロールへの対抗でもあります。**

日本の「〇〇女子」とのニュアンスの違い

――日本には「〇〇女子」といった言葉がありますが、それらと「ガール〇〇」の違いは何だと思いますか？

日本でいう「〇〇女子」という言葉は、そのほとんどに**〝男性からとらえた女性像〟が前提になっている**と思います。「女性なのに〜」というニュアンスが含まれていますよね。一方、**「ガール〇〇」は、男性中心社会や家父長制の視点から外れて、自分軸で語るものです。**〝少女らしさ〟〝女性らしさ〟に異議を唱え、自分たち自身が持つ女性観を発信しながら違和感を感じるメカニズムを可視化していく過程なんです。そうすることで、**〝ガール〟という概念を、男性からの視線ではなく、自分たちの手に取り戻すことができると感じます。**

〈※1〉https://people.com/what-is-girl-dinner-all-about-the-snacky-tiktok-trend-7562024
〈※2〉https://www.cbsnews.com/baltimore/news/what-is-girl-math-tiktok-budgeting/

"Generational trauma"

世代間で引き継がれる「ジェネレーショナルトラウマ」。自分の思考や行動パターンを知る重要性とは

トラウマは世代から世代へ〝引き継がれる〟?

先行世代に比べて、Z世代はメンタルヘルスを重視しており、心の問題に向き合う傾向が高いと言われています。特に最近では、**メンタルヘルスを考える上で、「generational trauma（ジェネレーショナルトラウマ）＝世代から世代へ引き継がれるトラウマ」の影響に注目する人が増えています。**

――「ジェネレーショナルトラウマ」とは、どのようなものなのでしょうか?

臨床心理士のレショーナ・チャップル氏の解説をもとに説明すると、**精神的、肉体的、社会的なトラウマ経験が、世代を超えて引き継がれることを指しています。**トラウマは、不安、鬱病、PTSDなど、さまざまな形で現れることがあります。それは遺伝レベルで引き継がれるという説もあれば、鬱や不安症が家族間の暴力やコミュニケーション不全などによって引き継がれてしまうという説もあるようです。

虐待を受けて育った親が子どもにも虐待をしてしまう…といったような親子や家族間で引き継がれるものもありますが、そのほかにも特定の文化を持つ人々の集団やコミュニティ内において、過去に起こった戦争や迫害、災害などのトラウマティックな出来事が、集団全体にさまざまな影響を及ぼして、その文化や社会の中でトラウマが継承されるパターンもあります。〈※1〉

例えばアメリカでは、ベトナム戦争などから逃れた移民も多いですし、日本だと第二次世界大戦や東日本大震災などで被害に遭われた方のトラウマが、次世代に引き継がれているパターンもあると言われています。

——どのような問題が、よく語られているのでしょうか？

「ジェネレーショナルトラウマ」を語るとき、よく言われるのが行動パターンの引き継ぎについてです。親は自分の体験によって形成された特定の行動パターンや対処メカニズムを子どもに意識的に、もしくは無意識に伝えることがあります。**例えば、親が「男性は強くなきゃいけない」「女性は控えめに」と言われながら育っていると、無意識のうちにそういう価値観を形成してしまい、さらに自分の子どもにもそういう考えを引き継いでしまう。**

また、**「financial anxiety（ファイナンシャル・アングザイエティ）」と言われる経済的な不安も「ジェネレーショナルトラウマ」が深くかかわっていると思います。**経済的に苦しい家庭で育つとつねにお金に対する不安がつきまとうとか、逆に借金にあまり抵抗がなくなり、クレジットカードの上限まで使ってしまうとか。

——金銭感覚も本人の育ってきた環境が大きく影響し、トラウマとして引き継がれてしまうのですね。「ジェネレーショナルトラウマ」という言葉が普及するようになったのは何か理由があるのでしょうか？

「ジェネレーショナルトラウマ」に向き合うことで、恋愛や友人関係をはじめ、自分は日常的にどういう思考や行動をしがちなのかをひもとくことができる。その結果、自分のことを深く知ることができるし、人との接し方が変わり、良好な関係を築きやすくなるかもしれないと考える人が増えているからです。

例えば「傷ついたときに、どうして傷ついているのかを言語化できず、問題の根源から目を背けてしまう」という自分の行動パターンに悩んでいる人がいたとします。そういう人が過去を振り返ったとき、幼少時代に親が問題と向き合おうとせず、黙り込んでいた姿を思い出すかもしれません。そしてその親が育った環境や時代背景を知ることによって、その世代や地域の人々が経験していた社会問題やトラウマなどがどのように人格形成に影響を与えているのか理解することが可能になる。**我々は「今」の影響を受けているだけでは**

なく、さまざまな過去の影響を受け続けている、という考え方が「ジェネレーショナルトラウマ」に着目するスタンスです。過去に目を向けることは、自分の中にある違和感の根源を見つけるひとつの手段になるとも言えます。

映画『エブエブ』が描く「ジェネレーショナルトラウマ」

第95回アカデミー作品賞を受賞した『**エブリシング・エブリウェア・オール・アット・ワンス**』**はまさに「ジェネレーショナルトラウマ」をテーマにした作品で、この言葉の理解を深めるのに役立つと思います。**

主人公のエヴリンは家族と一緒に中国からアメリカに移住した人物で、夫と子どもとともに新しい生活を築こうとしますが、文化の違いや言語の壁、経済的プレッシャーなど移民特有の問題に直面しています。

エヴリンはアメリカの生活になんとか適応しようとしますが、娘のジョイに同じ苦労を味わってほしくないと思うがあまり、自分の過去の経験や親から受けた影響を無意識にジョイに押し付けてしまう。娘は母親の期待に応えようとするプレッシャーや自己のアイデンティティの葛藤に苦しみ、価値観のズレから親子間に溝が生じます。

作品の中ではエヴリン自身が、自分の親から受けた圧力に苦しんだりその期待を裏切ったり、親とのぶつかり合いによって家を出てまったく身寄りのないアメリカに移住して苦労をしたといったトラウマを抱えていて、そういった未解決の問題が娘との関係に深い影響を与えているということを示していました。

――そんな二人が映画の終盤、親子間の対立や誤解を乗り越え、関係を再構築しようとする姿も印象的でした。

映画の中でエヴリンはまず、自分自身のトラウマを認識し、それに対処するには自己認識が不可欠だと自覚します。この過程を見せることによって、自己内省の重要性と、世代間のオープンな対話が誤解を解消し、和解をもたらす手段であるというメッセージを伝えているんです。

特にアジア系移民家族の中ではまだまだセラピーが受け入れられづらいという事情もあり、セラピーに行くことが一般化していないので、自分の葛藤や苦しみを言語化できない人も少なくないです。アジア系アメリカ人の親や祖父母世代のあいだでよく使われる「keep your head down」というフレーズが、それを表しているとも言えます。

――「Keep your head down」とは、どういう意味なのでしょうか？

「とにかく自分のことに集中して黙々と頑張り続けよう」、という意味です。つまり、差別をされたり社会的に見下されたりしても、それに対して怒るのではなく、揉め事に巻き込まれず謙虚に努力して成功してお金持ちになることが美徳であると信じる傾向にある人が多い。アジア系に対するステレオタイプ的なフレーズのひとつでもありますが、実際にアジア系移民たち自身が内面化している部分も大きいです。

『エブエブ』の中では主人公のエヴリンも、自分が経営するランドリーが財政的に困難な状況にありながら、ひたすらに頑張ったら報われると信じていたはず。これは、文化の違いや言葉の壁、経済的なプレッシャーを抱えている多くの移民の中で持たれ続けている考え方だと思います。

トラウマの認識から始まる克服のプロセス

――トラウマの問題は、日本ではタブー視されたり、自己責任という言葉で簡単に片づけられてしまうことが多いこともあり、なかなか向き合う機会がないように感じます。だからこそ、「ジェネレーショナルトラウマ」という言葉を知ることで、これまで気がつかなかった感情を自覚するきっかけになるのかなと思います。

そうですね。**言葉を知ることがなぜ重要なのかと言えば、自分の痛みや悩みに目を向けやすくなるからです。**

「ジェネレーショナルトラウマ」に自覚的である人の中には、自分が抱えているトラウマが何世代にもわたって構築されてしまったものであり、個人で処理しきるには大きすぎるし、次世代に引き継ぎたくないから子どもを産まないと選択している人もいると聞きます。でも、『エブエブ』の監督であるダニエルズを含め、**自分たちで「ジェネレーショナルトラウマ」の連鎖を断ち切ろうとしているミレニアル世代は多いと思います。**「Gentle parenting（ジェントル・ペアレンティング）」と言われる、いわゆる「叱らない子育て」をしたいという人も少なくありません。

自分だけでなく、親やその上の世代も含めてどういう経験をしてきたのかを一歩引いて理解することによって、さまざまな現象を自己責任化しすぎることへの予防になると思います。結果として本人や家族、コミュニティの回復につながっていくのではないでしょうか。

〈※1〉https://www.talkspace.com/blog/generational-trauma/

"Decenter men"

男性を中心に置かない「ディセンター・メン」。感情や時間を〝自分のもの〟として取り戻すには

ドラマや音楽から、男性中心の現状が見えてくる

数年前から、男性を自分の人生の中心から外そうという考えを表す「decenter men（ディセンター・メン）」という言葉が広がってきています。

――男性を中心から外すということは具体的にどういうことですか？

女性がこれまで男性に傾けていたエネルギーを自分に、もしくは家族や友人、仕事や趣味に向けようとする考え方です。

――「ディセンター・メン」という言葉が広まった理由は何でしょうか？

そもそも、「male-centered（男性中心）」な価値観は家父長制に基づいている考え方ですよね。女性を男性の隷属的な立場に置くのが家父長制ですが、そのような価値観が重視される社会では、女性は若い頃から男性のニーズや欲求を優先するように教育されてきました。「女性は男性に見初められて、結婚して、家族を築く」という価値観が染み付いてしまっていたのは日本では特に顕著ですが、アメリカでも現代に至るまで「男性のご機嫌を取らないといけない」という生存戦略がやむなく必要とされてきました。日本でも〝モテ〟や〝男性ウケ〟を意識したファッションやメイクなどが特集されることが多かったと思いますが、**社会によって作られたこのような価値観を内面化するのは、無意識に自分よりも男性を優先する思想につながってしまいます。**

「ディセンター・メンン」を考える際に参考にしたいドラマがあります。映画化もされた大人気ドラマシリーズ『セックス・アンド・ザ・シティ』、その続編の『AND JUST LIKE THAT…／セックス・アンド・ザ・シティ新章』です。この作品では、キャラクターの違う女性たちがそれぞれ直面する、人間関係や恋愛やセックスにまつわるさまざまな悩みについて率直でオープンな議論がされていますが、最近のSNSでは若い人たちがドラマを見て、その描写の〝古さ〟に驚いていることが話題になっています。「キャリーたちは男の話以外できないのか⁉︎」と言われることもしばしばです。

主人公のキャリー・ブラッドショーは自立した魅力的な女性として描かれていますが、浮気したり、不倫したり、友達との会話はつねに自分が気になっている男性やつき合っている男性の話ばかり。しかもその男性がキャリーに対してひどい扱いをしても彼女はなかなか離れない。恋愛とセックスをテーマにした作品ですし、ドラマのキャラクターだからめちゃくちゃな恋愛話こそが面白さなのですが、**あまりに盲目的で男性中心的な思考に違和感を感じる人もいます。このことは現代における恋愛に対する価値観の変容を表していると思います。**

また、若い女性を中心に絶大な人気を誇るテイラー・スウィフトの曲も(一部のコンセプトアルバムを省いて)基本は恋愛をテーマにしたものです。〝好きな人ができた、振られた、別れた〟といったように、自分の人生がまるで男性中心に回っているかのような世界観。私自身もテイラーの音楽とともに育ってきたので違和感はなかったのですが、それに対して、「若い女性のファンが彼女の歌の世界観に共感する背景を立ち止まって考えてみる必要があるのではないか」「女性にとって男性と幸せな恋愛をすることこそが人生のゴールのようにとらえてしまうような影響を与えているのではないだろうか」、という指摘も出てきています。当然このようなラブソングばかり歌うのはテイラーに限らないのですが、テイラーがティーンの女の子たちのあいだでまた爆発的な人気を得ている今、再度注目されている話題です。

このように、テレビや音楽で親しんだジェンダー観や恋愛至上主義の価値観は自分の中に刷り込まれ、無

自覚に男性中心の考えで行動するようになってしまう。

「ディセンター・メン」という言葉を知ることが、当たり前にされてきた「男性中心的な考え方」の違和感に気づくきっかけになると思います。

今のアメリカで「ディセンター・メン」が広がる理由

――アメリカはフェミニズムが浸透していて、どちらかというと「ディセンター・メン」の考え方は普及していたように思うのですが、なぜ最近になってこの言葉が広まっているのでしょう?

今のアメリカは、「ディセンター・メン」の概念を議論する必要性が高まっているような環境になってきているからかもしれません。というのも、アメリカでは多くの若者の雇用が不安定で、さらに急激なインフレによる住居費と食費の高騰によって、一人で家を借りて暮らすのはかなり難しくなっています。また、コロナ禍のロックダウンによって孤独が深刻化したため、パートナーと同棲をしている(したい)という人が少なくありません。すると、ヘテロセクシュアルの女性の場合は、経済的に安定しているパートナーの男性との家庭を築いていくことがまるで〝勝ち組〟になるためのライフハックであるかのような言説が支持を集めたりと、ある意味保守的な、男性中心的な価値観に陥りやすくなってしまう。

――「Tradwife(P22)」「SAHGF(stay-at-home girlfriend)(P22)」の話ともつながります。

そうですね。現代のアメリカ社会はコミュニティケアが希薄で、パートナーしか頼れる人がいないという人も少なくないです。大学生活を送っているあいだはすぐ近くに友達もいたけれど、卒業・就職すると気軽に会える距離に友達がいなくなる。そうなると、パートナーに依存せざるを得なくなってしまい、女性に対して厳しい社会でサバイブするためには「頼れる男性パートナー」を獲得しなければならない、みたいな思考になってしまうことも多々あります。**仕事仲間、友人、家族、地域コミュニティ、そのような人間関係が希薄になるほど、恋愛やパートナー探しを「しなくてはならない」という強迫観念も感じやすくなってしまいがちです。**

男性中心主義の弊害は？

——男性を中心に据えた考え方のままではどんな弊害があると思いますか？

まず、自分の価値を男性に託しやすくなってしまいます。例えば、好きな男性に振られた、浮気されたといったことが原因で、自分に自信がなくなってしまい、自己肯定感が下がってしまう。男性からの承認がなくなったときに、「自分には価値がない」と思い込んでしまいます。

恋人がいる人もつねにパートナーを中心とした生活を送っていると、これまで友達と過ごしていた時間が減ったり、新しいコミュニティをつくるチャンスを失う可能性がある。**これは男性中心的な価値観に限らず、恋愛至上主義的な価値観に毒された社会には共通している問題です。**

——パートナーと別れたあと、自分のまわりに誰もいないということになりかねない。

そうですね。あと、女性の中にはこれまで楽しんでいた趣味やファッションを好きな男性のために変えてしまう人もいますよね。特に日本だと〝モテるため〟の服装やメイク、仕草や言動などが中学生向けのメディアでも謳われてしまっているので、意識してやっているというよりも刷り込まれてしまう価値観なのではと思います。アメリカでも、男性パートナーの趣味嗜好に合わせる（ことが求められる）女性が多い一方で、その逆のパターンは少ない、ということが頻繁にパートナー間でも問題になります。もちろんそうではない人もいるから一概には言えませんが、男性は自分の生活をくずさずキープする人が多く、女性が自分の時間をパートナーに捧げがち（そしてそれが〝尽くしている彼女〟と形容されがち）なのは、やっぱり家父長制的な社会構造から来るものだと思います。

そして、最大の弊害は男性を中心にした考え方が当たり前になると、女性は自分にとって何が大切かを見失ってしまうことだと思います。だから、あえて「ディセンター・メン」というフレーズを提起することで、男性中心的な考え方になっていないか立ち止まろうと呼びかけられるようになったのだと思います。

阿佐ヶ谷姉妹は「ディセンター・メン」を実践している⁉

——ダニエルさんが、「ディセンター・メン」を実践していると思う著名人はいますか？

阿佐ヶ谷姉妹の二人を想像するとわかりやすいと思います。

——阿佐ヶ谷姉妹のエッセイ『阿佐ヶ谷姉妹の のほほんふたり暮らし』で綴られていた、六畳一間の家で共生する二人の生活はとても楽しげですよね。

二人が助け合いながら生きている姿は、異性の視線を介在させず、自分らしい選択をしているように見えます。女性がともに暮らし、互いを尊重し合いながら生きていく姿は「ディセンター・メン」を象徴していると思います。

また、アメリカでは、シングルマザーが集まって共同生活をするコミューン「mommune（モミューン）」

が話題になっています。シングルマザー世帯が複数組一緒に暮らし、子育てや家事を分担しながら共生しています。

――日本はシングルマザーに対する支援の少なさが指摘されるのですが、アメリカはどうでしょうか？

自治体や州によってばらつきはありますが、支援団体は多いのでそれなりにサポートはあります。日本よりもシングルマザーの数が多いというのもあると思いますが、アメリカではさまざまな生き方があって当たり前だと思われているので、世間の風当たりはそれほど強くなく、TikTokやInstagramなどではシングルマザーのインフルエンサーがさまざまなコンテンツを発信しているのもよく見かけます。

――「ディセンター・メン」について発信する人が増えている印象はありますか？

XやTikTokで〝decenter men〟と検索すると、さまざまなコンテンツがヒットします。それと併せて、最近はドラマや映画においても、男性中心的な考えを持った主人公や、異性愛中心のストーリーが少なくなってきました。それを象徴するのはディズニープリンセスの描かれ方ですよね。

『シンデレラ』や『白雪姫』のように王子さまを待ち続けるスタンスで描かれていた時代がありましたが、当時は結婚し、家庭に入ることが女性の最大の幸せという価値観があったからです。でも、2000年代に入ると、『アナと雪の女王』のエルサとアナ、『モアナと伝説の海』のモアナのような、自分に与えられた使命を果たすためや、愛する家族を守るために冒険をし、夢や自己実現、成長を求めて挑戦をしていくプリンセスが多く描かれています。

――日本でも、最近は朝ドラの主人公の描かれ方に変化がありますよね。

そうですね。**男性を中心から外すということは、自分の人生から男性を排除したり、彼らとの人間関係・恋愛関係を遠ざけるのではなく、自分の時間やエネルギー、感情、お金を自分自身に戻すことです。**また、これまでは社会の中で男性が中心的な地位を占めてきたケースが多く、女性は彼らに認められる（価値があると思ってもらう）ために考え、行動する必要がやむなくありました。

逆を考えると、男性を思考の中心から外すことで、ジェンダー格差や家父長制構造を見直すことができるということでもあります。性別に関係なく、一人一人が自分の幸せのために考え、行動することが尊重されるべき。**「ディセンター・メン」という言葉を通して、どんなジェンダーであっても、自分の判断や行動を振り返るきっかけになるといいなと思います。**

竹田ダニエル 対×談 TAIKI

モデル・『OfficeBriller』代表取締役
TAIKI

1987年生まれ。芸能事務所『OfficeBriller』代表取締役。モデルとして世界各地のコレクションや広告、雑誌などワールドワイドに活躍し、DJとしての顔も持つ。パートナーとの日常などを投稿するYouTube「TAIKINOAH」も好評で、インフルエンサーとしても人気を集める。

面白おかしく消費しない。台本のない男性同士のリアリティー番組『ボーイフレンド』ができるまで

２０２４年７月に配信され、日本初となる男性同士の恋愛リアリティーシリーズとして話題をさらったNetflix番組『ボーイフレンド』。キャスティング・プロデュースを担当し、本人もゲイであることを公言しているモデルのＴＡＩＫＩさんとの対談が実現。番組作りのきっかけから、男性同士のリアリティーシリーズを作る上で大事にしたこと、ＬＧＢＴＱ＋を取り巻く現状などについて語り合いました。

〝一緒にいることが当たり前〟ではないパートナーとの暮らしの中で

――『ボーイフレンド』プロデューサーのＴＡＩＫＩさんとダニエルさんはもともと知り合いだったそうですが、出会いはいつ頃でしたか？

ダニエル　去年、ＴＡＩＫＩくんの事務所に所属するフォトグラファーの紹介で知り合ったんだよね。そのあと、パーティとか発表会とかあちこちで会ってたんだけど、こうやって静かな場所で二人で話すのは初めて。いつも会うときはまわりが騒がしいから（笑）。

ＴＡＩＫＩ　そうだね（笑）。ダニエルさんとは一度ゆっくり話したいと思ってたから、対談の機会をつくってくれてうれしい。

――ＴＡＩＫＩさんはモデル業のほかに、マネジメントやイベントなどを行う事務所『OfficeBriller』の代表取締役としても活動されています。芸能事務所を立ち上げようと思ったのには、どんな理由があるのでしょうか？

ＴＡＩＫＩ　韓国籍のモデルのＮＯＡＨと韓国で出会ってつき合うことになり、二人で一緒にいるために日本で暮らすことになりました。それにはＮＯＡＨのビザが必要だったから、自分の知り合いのモデル事務所に所属させてもらうことに。その会社が就労ビザを出してくれるおかげで、ＮＯＡＨも仕事ができたし、二人でカップルとしての活動もできて、すごくありがたかったんだけど、自分もＮＯＡＨもいつまでモデルを続けられるかわからない。その会社に「もうビザ出せないです」と言われたらＮＯＡＨと離れないといけなくなる。**自分たちの大事な部分を他人に預けている感じがして不安だったから、自分が事務所を立ち上げて、ＮＯＡＨのビザを出そう！って。**

最初は二人だけの小さな事務所だったけど、すぐにコロナ禍に入っちゃって。中国で俳優をしていた後輩が日本帰国中に中国に戻れなくなってしまって、仕事がなくて困ってたから「じゃあ、マネジメントするよ」と国内のクライアントを紹介したり、仕事をつないだりしてたんです。もともとお節介な性格で、事務所に所属してモデルをやっていたときからも、モデルの原石のような人を勝手にスカウトして、事務所に紹介したりしてたし（笑）、40歳になったらマネージメント事業をやろうと思ってたから、それが少し前倒しで始まった感覚で。今年、事務所を立ち上げてから4年経つけど、応募やスカウトを通じて、今は50、60人のモデルやクリエイターが所属してくれている。もっと一人一人と向き合う時間が欲しいなと思いつつ、会社を大きくしたいという目標もあるから、それを両立することが今の課題かな。

ダニエル　会社を大きくしたいのはなぜ？

TAIKI　**僕は輝いている人を見るのが好きなんだよね。キラキラしている人がいると自分も輝きたいと思えるし、そういう輝きの連鎖が生み出せたらと思っている。**それは表に出ている人でも裏方の人でも関係なくて。会社が大きくなると、できることも増えるし、たくさんの人が輝く場を生み出せると思うから。

ダニエル　『OfficeBriller』に所属しているモデルは個性的な人が多いよね。ほかのモデル事務所には入れないような人も積極的に受け入れたいという気持ちがある？

TAIKI　そうだね。身長もスタイルもセクシュアリティも国籍も関係ない。大事なのは、人に輝きを与えられるかどうか。そこは正解がない部分だから難しいんだけど、輝けそうだと感じる人がいたら、全力でサポートしたい。

ダニエル　輝けるかどうかはどういうところを見てる？

TAIKI　人を笑顔にしたり、勇気を与えられるかどうか、かな。例えばPOC（ポック）という3兄弟のYouTuberがいるんだけど、長男のサエキさんは耳が聞こえる人、次男のナツさんと三男のマコさんは聴覚障がいがある。彼らのYouTubeを見たとき、3人のかけ合いがすごく微笑ましくて、彼らがもっと輝ける場所を見つけたいと思って、マネジメントさせてもらうことにした。彼らはいろんな人に勇気を与えられるし、影響を与える人になると思ってる。

そうやって、みんなが輝ける場所をつくるために会社を大きくしたくて、そのためにイベントのプロデュースとかキャスティング、番組プロデュースもはじめちゃって。「自分って何屋さんなんだろう?」って思うこともあるし（笑）、全部に均等に注力できない歯がゆさは感じるものの、ひとつのことにこだわって、やらないよりはみんなで頑張ってやっていけたらと思ってる。

ゲイにもいろんな人がいる。ステレオタイプではないキャスティングに

ダニエル　TAIKIくんが『ボーイフレンド』をプロデュースすることになったきっかけを教えて。

TAIKI　**自分の中にはいくつか番組の構想があったんだよね。その中のひとつが「ゲイのリアリティショーを作りたい」という夢で。**以前からの知り合いで「何か一緒にできたらいいね」と言い合っていた、エグゼクティブプロデューサーの太田大さんにそれを伝えたら、太田さんも元々同じように考えていらっしゃって。太田さんがNetflixに移籍され、この企画を立案したタイミングで、「本気で企画決定に向けて動きます」というご連絡をもらって。

ダニエル　**『ボーイフレンド』には、今までメディアで取り上げられてきたステレオタイプ的なゲイではない人たちが出演していたところが面白いなと思った。**

TAKI　そうだね。もちろん、〝オネエキャラ〟と言われる人も素敵だし、大好きだけど、やっぱりこれまでテレビに映し出される人ってそういう人が多かったと思っていて。**ゲイと言っても、いろんな人がいるということを番組で伝えたかった。**今回は9人という人数の制限があったけど、それでも見た目も雰囲気も国籍もバラバラで、カミングアウトしている人もしていない人にも出てもらえてうれしかった。中には、バイセクシャルの人もいて、彼らにはゲイの人とは少し違う悩みがあるということも、会話の中で自然と出てきたのが個人的にはよかったなと思ってる。

ダニエル　私はシス・ヘテロの恋愛リアリティシリーズを観ると、どうしても男女の不均衡さが気になったり、ステレオタイプなジェンダー観によって人の価値を判断したり比べるところがある気がして、苦手に感じることもあるんだけど、『ボーイフレンド』はそういうのがなくて、みんな平等に人と人として向き合っている感じが好きだった。

演出しなくても、ドラマは起こる。あの9人だったからこそ愛される番組に

——制作段階では、どんなことを意識されていたのでしょう?

TAKI　約1カ月間、9人で共同生活をしてもらうということと、そのあいだで二人(たまに三人)でコーヒートラックで働くということはこちらで設定として決めましたが、**それ以外はメンバーにおまかせ。台本も筋書きもなかった。**最初の頃はみんながあまりに普段通りの会話のトーンだったから聞こえづらくて、「もっと声張って!」って思ったぐらい(笑)。

プロデューサーの太田さんが「9人が共同生活すれば、こちらが無理に仕込んだり、過剰に盛り上げなくても、ドラマは起きますから」って言っていたので、「そうか」と。それに〝ゲイ=にぎやかなオネエ〟というステ

レオタイプをくずして、いろんなゲイの人たちがいることを知ってもらいたかったから、わざわざ盛り上げたり、矢印を向ける必要はないんだって。僕はキャスティングや監修として制作に携わってはいるけど、この番組を作ったのは9人。**彼らだったから、こんなにたくさんの人に愛される番組になったと思う。**

――これまでのエンタメ業界では、過剰な演出やキャラクターの脚色、ドラマティックな編集をする傾向もあったと思います。そういったことをしないという意志も感じます。

TAIKI　そうですね。日本では初めての試みで、前例がないから参加者も不安はあったと思います。面白おかしく脚色されるのではないかとか。でも、そういうことは絶対にしないと伝えていたし、不安があったらいつでも相談できる環境づくりを徹底していました。**Netflix側でも専門家によるカウンセリングを定期的に設けていて、メンタルケアはすごく大切にしていました。**メンバーにとっては僕に打ち明けにくいことがあっても、外部への相談窓口があることで心の負担を軽減できたかなと思います。そうしたことを踏まえて、キャスティングのときは、ありのままでいてくれる人かどうかということはすごく重視しました。

ダニエル　出演者の中には定期的にセラピーやカウンセリングを受けて、自分の気持ちを言語化することに慣れている人もいたんじゃないかな。人に自分の気持ちを伝えるのが、すごく上手な人が多いなと思ったから。**メンバー間の話し合いも丁寧で、ぶつかることはあっても、きちんと相手を理解しようという姿勢が感じられた。**育ってきた環境や過去の恋愛など、それぞれのバックグラウンドを打ち明けて、その上でどうして自分は不安に思っているのかとか、恋愛の向き合い方の違いとか、素直に自分を表現していたと思う。**話題を集めがちな男女の恋愛リアリティシリーズと違って、役割がないのも安心して見られた理由かも。**男性らしく強くあらねばならないとか、女性らしく控えめにして相手を立てる、みたいなジェンダーロールがあの空間にはない。あと、シンプルなことだけど、皿洗いとか料理とか全員でやるところもいいなと思った。男女が混在すると、料理が上手＝女子力が高くてモテそうとか、男性がリーダーシップを取るべきとか、伝統的なジェンダー観に基づく自己演出や他者へのジャッジがありがちで、本当のお互いを知ることが難しいことも。そういうものがないだけで、安心して見られる。

TAIKI　それは狙っていたわけじゃないけど、確かにそうかもね。そういう見方をしてくれているんだっていうこちらでは気づかなかった視点をもらえるのもうれしい。

知るきっかけを作るのがエンターテインメントの役割

ダニエル　日本では同性婚がまだ成立していないから、同性カップルは〝結婚〟というゴールがない分、すごく純粋に目の前の相手と向き合っている人がまわりには多いです。もちろん、その分ぶつかる壁や社会的な不条理も残念ながら多い。**相手のステータスとか家柄とか肩書とか関係なく、一緒にいたいからいる。そういう人と人のつながりが『ボーイフレンド』では、垣間見えたんじゃないかなって。**TAIKIくんは『ボーイフレンド』の制作に携わって今、課題に感じていることはある?

TAIKI　課題というか、もっと知るきっかけ作りができたらと思う。**「面白い」とか「感動した」で終わらない、知るきっかけを提供できるのもエンターテインメントの役割だと思っているから。**今回は出演者9人という限られた人数だったけど、ゲイの世界には本当にいろんな人がいて、それぞれに悩みがあるということを当事者以外の人に伝えたい。**なぜなら、〝知ってる〟と〝知らない〟じゃ、大きく違うから。**知った上で、自分がどう思うかは人それぞれ。でも、知らないまま語られたくない。

個人的には『ボーイフレンド2、3、4…』ってシリーズで作りたいと思ってて。ドラァグの人も、〝オネエ〟の人も、トランスジェンダーの人の居場所もここにちゃんとあるよということを示したいし、いろんな人に出てもらいたい。あとは、『ガールフレンド』を作ってほしいという声もたくさん届いてます。もちろんやりたいけど、その場合はやっぱり当事者の人が監修に入ってもらうほうがいいと思ってる。リアリティーシリーズでもドキュメンタリーでも、知るきっかけ作りは今後もやっていきたい。改めて、人に興味を持って見てもらうにはどうしたらいいかはすごく考える。きっと『ボーイフレンド』がこれだけたくさんの人に見てもらえたのは、「ねぇ、見た？　面白いよ」っていうクチコミの力が大きかったと思うんだよね。そういうふうに人に勧めたくなるようなコンテンツを作る視点を以前より意識するようになった。

〝みんな違う〟ということを忘れてはいけない

ダニエル　アメリカは多民族国家だから、隣の人や向かいに座ってる人は自分とは違うという考え方が浸透しているけど、日本はだいたい〝みんな同じ〟という感覚でいる人が多いと思うんだよね。でも、本当は違うじゃん？

TAIKI　そうそう。**顔が似てても、育った環境が近くても、一人一人全然違う。最近〝多様性〟と言われはじめているけど、昔から多様性のある社会だったわけで、ただ、それが表出していなかっただけなんだよね。**

ダニエル　〝みんな一緒〟という考えがあると、マイノリティの人が特殊に見えたり、仲間はずれにされがち。でも、**本当は〝みんな違う〟ということを忘れちゃいけない。それを可能にするのが、言葉の力だと私は思ってて。**

『ボーイフレンド』は、みんなが安全で安心して話せる場がつくられていたから、それぞれが踏み込んだバックグラウンドの話もできたんだと思う。**一人一人、経験してきたことは違うし、考え方も違う。自分がこう思うのは、こういう経験をしてきたからなんだよって言葉で伝えることで、相手と意見が違ってても理解できたり、寄り添えたり、ちょうどいい距離を取り合える。**

時々、「友達とはゴシップとか推しの話しかできない」ということに悩んでいる人の声を聞くことがあるんだけど、自分は何が嫌で、どうしてそう思うのか?と自分と向き合う機会を持てないままだと、自分の思いを言葉にすることが難しくて、人と表層的な会話しかできないのかもしれない。

TAIKI　芸能の世界では、人と一切話さなかったり、ツンとした態度を取っている人のほうが面白がられて売れることもあるし、すごく性格がよくて、コミュニケーションを取るのが上手だからといって売れるわけでもない。そこが難しいところなんだけど、事務所の社長として、所属しているメンバーに伝えているのは、**「仕事の関係でも恋愛でも友情関係を築く上でも、心地いいと思える人のほうが一緒にいたいと思えるから、コミュニケーションも大事だよ」**っていうこと。

利き手の違いと同じくらいの感覚で、セクシュアリティの違いが受け止められる社会へ

ダニエル　『ボーイフレンド』が全話配信されてから、TAIKIくんのところにはどんな反応が届いてる?

TAIKI　**想像以上にハッピーでポジティブなコメントがたくさんあってすごくうれしい。**「こんな素敵な番組を作ってくれてありがとうございます」とか「自分が小さい頃にこういう番組があったら」とか。「子どもにカミングアウトされたときを考えるきっかけになりました」という親世代の方々の声もあって、いろんな人に刺さっているんだなと思った。ただ、「母親から『こんな番組見てるの!? 気持ち悪い』と言われてショックでした」っていう悲しいメッセージもあって、それは本当に悔しかった。

全体的には好意的に受け取ってもらえているなと思う。第1話の配信時から日本だけでなく、香港やシンガポールといった10の国と地域で「今日のテレビ番組TOP10」入りを果たして、グローバルに注目を集めたのも誇らしかった。それに、1日だけだったけど、日本で1位になったときがあって、あれは本当にうれし

かった。もちろん制作段階でたくさんの人に見てほしいと思っていたけど、まさか1位が獲れるとは思ってなかったから驚いた。**そして、「時代が変わったかも」って思った。**

ダニエル　時代が変わったというのは？

TAIKI　**応援してくれる人がこんなにいるんだということが可視化されたというか。**

ダニエル　LGBTQ＋を取り巻く世界も変わっていると思う？

TAIKI　**そう思う。セクシュアリティを発信する人は確実に増えたよね。**オープンにする／しないは人それぞれだけど、昔より当事者の人が言いやすくなったのはうれしい。やっぱり、インスタとかTikTokとか自分発信のSNSが普及したことも深く関係していると思う。昔は「ゲイ＝テレビに出ている特殊な人」と思われていた気がするから。

ダニエル　アメリカでも、昔は今と比べて、保守的な地域に暮らす人の中には差別されるかもという不安で一生カミングアウトできなかった人はたくさんいたと思う。**でも、今はSNSを通じてだったり、『ル・ポールのドラァグ・レース』とか『クィア・アイ』といった番組も身近になって、「自分は一人じゃないんだ」って知ることができるだけでも心強い。**

TAIKI　そうだね。僕がNOAHとつき合いはじめた9年前は、ゲイカップルで活躍している人って本当に少なかったけど、今は自然な感じで活動している子がたくさんいて、そういうところでも時代は変わったなって思う。

ダニエル　トロイ・シヴァンが2013年にYouTubeでカミングアウトしたときは、ビッグニュースとして取り扱われていたけど、今のアメリカではそういう感じでカミングアウトする人がいても「そうなんだ〜」って反応の人が多いと思う。

TAIKI 日本も早くそうなってほしい。**「右利きです／左利きです」っていう感覚で、自分のセクシュアリティを言えて、受け止められる社会が理想だな。**

ただ、カミングアウトについては、実は自分も悩んだ時期があって。母親に「もともとカミングアウトする気はなかった」と伝えたら「なんでしたくなかったの?」って聞かれたんだよね。当時自分はまだ22歳だったんだけど、「ゲイは差別されるし、それで親を悲しませたくなかったから」って言ったら、「そう思うのはあなたが差別する人間だからでしょ。差別されたくないんだったら、セクシュアリティなんて関係ないぐらいステータスを高くして生きなさい。そしたら、誰も何も言ってこないから」って言われてハッとした。

その言葉が自分の心にずっとある。**人間として誠実に生きていれば、セクシュアリティなんて本当はどうでもいい話。僕が惹かれる人はセクシュアリティ関係なく、人間として魅力的で輝いている人。**僕はそういう人たちと一緒にいたいし、そういう人であふれる社会にしていきたい。そこにはやっぱり、知るっていう第一歩がすごく大事。自分の活動を通して、そういうきっかけ作りをできたらって思う。

竹田ダニエル 対×談 桃山商事

桃山商事

清田隆之、森田、ワッコ、佐藤を中心に活動するユニット。2001年の結成以来、人々の悩み相談や身の上話に耳を傾け、そこから見えるジェンダー、恋愛、人間関係、コミュニケーションなどさまざまな問題をコラムやPodcastで紹介している。著書に『生き抜くための恋愛相談』『モテとか愛され以外の恋愛のすべて』『どうして男は恋人より男友達を優先しがちなのか』（すべてイースト・プレス）など。Podcast番組『桃山商事』『オトコの子育てよももやまばなし』も不定期更新中。（ロゴデザイン／美山有）

日本とアメリカ、恋愛事情・恋バナ事情の違い。コロナ後のマッチングアプリ事情は？

ジェンダーや人間関係にまつわる話題をコラムやPodcastで発信し、これまで多種多様な〝恋バナ〟にも耳を傾けてきた4人組ユニット・桃山商事。その代表で、『ｙｏｉ』でも連載している文筆家の清田さんと、唯一の女性メンバーであるワッコさんをお呼びして、日本とアメリカの恋愛・人間関係の違いや共通点について語り合いました。

日本とアメリカ、〝恋バナ〟や恋愛に対する価値観の違い

――まず初めに、桃山商事はどんなきっかけで活動がスタートしたのでしょうか?

清田　結成したのが大学時代の２００１年で、近隣に住む友人の佐藤と森田と一緒に、女友達から恋愛の悩みや失恋話をよく聞いていたのが始まりでした。それが珍しかったのか、「失恋の話を聞いてくれる男子たちがいるらしい」とクチコミで広まり、友達以外からも依頼がくるようになって。それで段々とまじめな活動になっていき、２０１１年から聞き集めたエピソードをメディアでアウトプットするようになりました。そこから本なども出させてもらえるようになって、２０１６年には知り合いだったワッコさんをスカウトし、今はPodcastの配信を中心に活動しています。

話しに来るのはシス・ジェンダー／ヘテロセクシュアルの女性が大半で、**そこでは悩みの原因となっている男性の困った言動について聞くことが多いんですね。それで、「ひどい彼氏だな」「でも似たような話が多いな」「ていうか自分にも身に覚えがあるぞ…」という感じで他人事ではいられなくなり、その背景を考察するうちにジェンダーの問題に関心が広がっていきました。**さまざまなエピソードを聞き集め、自分たちの体験談なども交えながら紹介していくのが基本的なスタイルで、これまで「恋愛とジェンダー」の話が中心でしたが、最近Podcastの番組をリニューアルするなど、今後はより幅広いテーマを扱っていけたらと考えています。

――ダニエルさんは友達やまわりの人と〝恋バナ〟をすることはありますか?　アメリカと日本で恋愛に対する違いを感じることがあればぜひ知りたいです。

ダニエル　アメリカと日本とでは恋愛の形も〝恋バナ〟の形も全然違うと感じますね。アメリカにはポリアモリー（関係者全員の同意を得たうえで複数のパートナーと関係を築く恋愛スタイルのこと）を公表している人も少なくないですし、ジェンダーアイデンティティもセクシュアリティもかなり多様です。**その分、恋**

愛の形もたくさんあって、オープンリレーションシップ（1対1のパートナーシップに囚われず、パートナー以外にデートやセックスなどをする相手がいる関係）、シチュエーションシップ（友達以上恋人未満や、つき合っていても、それを公にしない関係）、エクスクルーシヴリレーションシップ（正式につき合っているとは限らないが、ほかの人とは会わないでお互いだけにとどめる関係）など、本当に多様です。

いろんな関係性があるからこそ、コミュニケーションを重ねてお互いの条件を擦り合わせていかないといけないことは多いと思う。これから自分たちはコミットする関係を結ぶのか、ゆるいつながりを保つのかとか。そういうやりとりができず、ずるずるとシチュエーションシップを続けてる人もいるわけだけど。

ワッコ　そう考えると、日本って「つき合う」の形が概ねひとつしかない感じがします。オープンリレーションシップやポリアモリーであることを公表している人もそんなに多くなさそうだし。

清田　日本では「告白」が重視される傾向があり、「つき合う」以外はハッキリしない関係ととらえる向きもありますが、ちなみにアメリカのカルチャーでは、例えばつき合う前のカップルのあいだで「私たちの関係って何？」「そろそろこの関係について話しましょう」みたいな会話ってあったりするんでしょうか？

ダニエル　人それぞれなので一概には言えないですが、私のまわりのヘテロセクシュアルのカップルの場合だったら、デートを数回重ねて女性のほうから聞くことも多いんじゃないかという体感です。**おそらく女性側からしたら「私は性的に搾取されてるのかも」という不安を払拭したいんだと思う。**

ポリアモリーだとしても、パートナーに不満があれば話し合いをしたり、「私よりもあの人と一緒に過ごしている時間が多いことに、不安を抱えている」などと伝えて、よりよい関係を築こうとしている人も多いと聞きます。

清田　なるほど…。これまで桃山商事で聞いてきた話でも、**関係性をめぐる話し合いにおいては女性側から働きかけるケースが多く、男性は関係を曖昧なままにしておこうとする傾向があるように感じます。**

ワッコ　女性向けのファッション誌などでもいまだに「彼からプロポーズしてもらえるように仕向ける！」みたいな記事をやっていたりしますよね。何もしない男性にけしかける、みたいな。

ダニエル　日本では直接的なコミュニケーションを避けたがりますよね。

清田　**話し合うことが苦手だったり、ネガティブな行為ととらえたりする人が多いのかもしれませんね。**それで思い出したのは、２０１６年にヒットしたドラマ『逃げるは恥だが役に立つ』です。多様なテーマを含む作品ですが、とりわけ〝対話〟や〝議論〟を重視していて、「たとえ親密な間柄であっても、他人同士擦れ違うのは当たり前だよね」「だから何か問題が発生した場合は話し合うことが大事だよね」ということに徹底的に向き合ったドラマだったように思います。あの作品がセンセーショナルに受け取られたのも、直接的なコミュニケーションを避けるカルチャーと無関係ではないはずですよね…。

〝恋バナ〟という言葉自体が恋愛至上主義的？　時代の変化と恋愛の関係

清田　ダニエルさんの本を読んでいると、アメリカには関係性や状態を表すさまざまな言葉があって、話し合うための道具がたくさんあるんだな…とつくづく感じます。それだけ関係性のあり方が多様ということなのだと思いますが、一方の日本では、「つき合う＝オールインワン」という感じがする。

昔インタビューしたナンパ師の男性がこんなことを言っていました。いわく、「出会ったばかりの女性とセックスしたかったら『つき合おう』って言えばいい」、と…。いったんつき合う関係になってセックスをして、「ごめん。やっぱ別れよう」って言えば問題ないとナンパ師は豪語していました。

なんともひどい話ではありますが、**そこにはおそらく、「つき合う」の中にさまざまなアクセス権が含まれるという背景があるのではないか。**セックス〝だけ〟をするのはナシだけど、つき合っているならセックスもアリ…みたいな心理をナンパ師は巧みに利用していたのだと思います。

ダニエル　それってつまり、女性にとって「つき合う」ということのバリューがすごく高いということですよね。「彼氏が欲しい」みたいな言葉って、どういう人とつき合うのかというよりも、パートナーがいること自体が大切なのかな？って思っちゃう。男女でそこにどういう差があるのかには興味があります。

ワッコ　「彼氏が欲しい」って実はざっくりした言葉なのかもしれませんね。具体的にどんな欲求が含まれているのかは人による。ダニエルさんのおっしゃるように「彼氏がいる自分になりたい」なのか、「セックスできる相手が欲しい」なのか、「結婚して一緒に子育てができるパートナーが欲しい」なのか。もしくはその全部なのか。

ダニエル　アメリカでは特にZ世代のあいだで結婚・出産に対する憧れが薄れてきています。環境や政治が不安定で将来への不安も大きくなっているから、一人の人とコミットして〝つき合う〟よりも恋愛の楽しいところだけを摂取したいという人、もしくは厳しい社会を生き抜くためにパートナーを探したい人、このふたつに二極化しているなと思うことがあります。

清田　サバイブするためのパートナー探し？

ダニエル　家賃や物価は高いし雇用も不安定で、一人で生きていくのがハードすぎるから、厳しい社会を一緒に生き抜ける人をパートナーや恋愛相手に求める、現実思考の人もいるんですよね。だから、そういう人はつき合ってから同棲するスピードも早いんですよ。

清田　なるほど…。２０１７年に桃山商事として『生き抜くための恋愛相談』という本を出したんですね。アラサー世代の女性から寄せられた恋愛相談に回答していく内容なのですが、恋愛の悩みを通して浮かび上がった問題が、社会をサバイブするためのツールにもなりうると考えてつけたのがそのタイトルでした。あれから7年経ちましたが、「生き抜く」という言葉がリアルな〝生存〟に直結してきているとは…。自分はここ4年ほど女子大で非常勤講師をしているのですが、学生たちの話を聞いてると、日々の不安が将来の不安と直結しているような印象があります。家賃や奨学金の心配、カツカツの生活費、課題やバイトで埋まる毎日。人間関係ではミスが許されず、ＳＮＳではさまざまな言説に煽られ、就職できるかもわからず不安だらけで、メンタルに不調をきたしてしまったという話もよく耳にする。そういう中にあっては、確かに恋愛に求めるものも変わってきているかもしれません。**ただ、社会構造から受ける影響はまだまだ男女で差があるというのが現状で、そこから生じる溝やすれ違いも大きいという…。**

ダニエル　女性がいくら男性と平等に人間関係を結びたいと思っていても、女性のことをアクセサリーかお手伝いさんかお母さんのようにしか思ってない男性も、まだまだ多い。それがすごく不均衡だなって思う。

清田　シス・ヘテロという〝マジョリティ男性〟である自分が他人事のように言える問題ではないのですが、女性たちの話を聞いていると、「もはや男に期待してない」というムードがひしひし伝わってきます。例えばワッコがよく言ってる〝おなマン〟の話もそれに通じるものがあるよね。

ワッコ　それは「同じマンションに住む」って意味の造語なんですが、**結婚とかではなく、気の合う女友達と近所に住んで、生存確認し合いながら自由に生きていくほうがよっぽどリアルな選択肢じゃないかって思うんですよね。**

ダニエル　アメリカにも「mommune（モミューン）」といって、シングルマザーのグループが一緒に暮らすことができるコミュニティがあります。考え方は似てるかも。**男性を介在させずに、子育てや家事を分担してお互いをサポートしながら生活する場が少しずつ広がっているんです。**

――桃山商事のお二人も、人間関係において恋愛よりもほかの関係を大事にするという動きに共感する部分はありますか？

ワッコ　そうですね。**恋愛もコミュニケーションや人間関係のひとつ、という感じがしていて。無理してするものではないんじゃないかと思うようになりました。**桃山商事の肩書きも最近まで「恋バナ収集ユニット」だったのですが、恋愛至上主義っぽい感じが気になってきて。恋愛がメインテーマだったPodcastも装い新たにリニューアルしたところでした。

清田　恋愛には人間関係を壊してしまうリスクが伴うし、そこにかかるコストやエネルギーもバカにならない。**みんな日々をサバイブするのに精一杯という状況にあっては、恋愛がある種の〝贅沢品〟というか、若干ハードルの高いものになりつつあるのは確かだと感じます。**

コロナ後のマッチングアプリ事情

――ダニエルさんは、アメリカのZ世代的な価値観での恋愛について、カジュアルデーティングやシチュエーションシップといった関係性が増えてきているとおっしゃっていました（P109）。取材時の2023年6月から月日が経ちましたが、改めてアメリカでの恋愛事情について現状を教えていただけますでしょうか？

ダニエル　当時、コロナ禍直後で出会いの場がなかったから、マッチングアプリが人気でした。手軽に新しい人と出会えるし、コミュニケーションのリハビリみたいな感じで盛り上がってたけど、それも去年ぐらいまでの話。今はアプリ側がより利益を求めるようになって、**ユーザーが課金しないといい人とマッチングしづらい仕様になっているから、まわりでもマッチングアプリ離れが進んでると感じます。**

ワッコ　それ、私も最近まわりの人と話してたんですよ……！「無課金だと、アプリ上で自分のプロフィールが表示されづらくなっているんじゃないか」と言っている友達もいました。

ダニエル　日本でも仕様変更があるのかもしれないですね。**アメリカでアプリ離れが進んでいるのは、実は女性側が多いそうなんです。**例えばアメリカで人気の『Hinge』というアプリには、顔写真を掲載するだけでなく、パーソナリティや嗜好についても色々な項目を選べて、「最高の日曜日の過ごし方」とか「今までに受けた最高のアドバイス」みたいな質問とそれに対する自分の答えを表示するような選択肢もある。理想の相手を見つけるのに役立つそうなんですが、女性側はきちんと書いて自己開示してるのに、男性側はすごく薄い内容しか書いていない、という話がSNSで愚痴として盛り上がりがち。また、女性に性的な言葉を送りつけるだけで人として見ていなかったり。

問題はアプリの外にもあって。アメリカの場合は今、男性の孤独問題（P114）が深刻になっているんですよね。若い男性の中には、自分たちの雇用が不安定になったり、なかなか彼女ができなかったりするのは女性の社会進出のせいだと勘違いしている層もいて、右派インフルエンサーの影響もあって「女は主婦になるべき」と一部で急激に右傾化が進んでいる。一方、女性の大半は社会の性差別をはじめとした不条理に気づいてラディカライズされつつあるから、そこで大きな差が生じる。日本の場合はどうですか？

ワッコ　SNSを見る限りですが、**婚活界ではまだ、年収や筋肉量の多い男性が人気で、そういう層の男性に好かれそうな女性を目指すことをよしとするカルチャーが根強いのかなと思いますね。そのカルチャーに**

嫌気がさしている人は男女関係なくいるんじゃないかと。私もマッチングアプリユーザーですが、そういう〝ザ・婚活的価値観〟が苦手な人たちとだけ仲良くなれました。知り合った男性の中に「孤独を飼いならすためにいろいろ模索している」と言ってる方がいて。ダニエルさんのおっしゃっている孤独問題にもつながってくるなと聞いていて思いました。

清田　男性の孤独は自分としても興味深い問題で、以前トークイベントでもテーマにしたことがありました。その背景には能力主義や自己責任などを過度に押しつけてくる新自由主義的な社会構造が関与しているように思えてなりませんが、なぜかネガティブな感情の矛先が女性に向かってしまうことがままある。**不安や寂しさがこじれ、それが被害者意識に転じてしまう、というか。女性を憎みつつ女性からのケアを欲するというのは、いわゆる「ミソジニー」の典型ですよね…。**

ダニエル　私のまわりの友達の中にも、相手と親密な関係を築かず身体的な関係で終わらせようとする人は一定数います。**〝ケア要員〟としていろんな相手を消費はするけど、関係性にコミットしたくない。なぜ、コミットしたくないのかといえば、将来が不安でこれからどうなるかがわからないから。**結婚や出産を目標にしている人が少ないから、つき合う意味もよくわからない。だから、アプリは暇つぶしで、かつその時々の孤独を拭うためや不安解消のために用いられているのかもしれません。

恋愛の〝始め方〟は変わっても、〝悩み〟は今も昔も変わらない

――桃山商事のお二人は、これまでたくさんの恋バナを聞いてこられたと思いますが、最近の日本の恋愛についてどのようなトレンドがあると感じますか？

清田　活動を始めて約20年になりますが、出会いのきっかけがアプリになったとかそういう変化はあれど、

体感として、**悩みの内容自体は今も昔もあまり変わらないような気もします。というのも、背景には〝家父長制〟的な社会構造があって、それが個々の人間関係にも大きく影響しているから。**

ワッコ　その社会構造が変わらないから、悩みもなかなか変わらない。夫婦関係の悩みも社会構造と深くつながっているなと気づかされますよね。例えばワンオペ育児の問題も日本社会の作り出した現象のひとつだなって。

清田　そうだよね…。以前、3組の子育て夫婦にインタビューしたことがあったんですね。3組とも「夫が家事・育児にコミットする時間が少ないから、もうちょっとどうにかならないか」という悩みを妻側が抱えていたんですが、それに対して夫たちは、全員同じこと言ったんですよ。いわく、「もっとコミットしたいけど、仕事が忙しくてこれ以上は厳しい。もっと家事・育児の時間を増やすためには、勤務時間が短くて土日も休める部署に異動するか、転職するしかない。そうなると確実に給料は減ると思うけど、どう思う？」と…。それは決して脅しのようなニュアンスではなかったのですが、妻側は「それは困る」となり、結果的に口をふさぐ言葉になっていた。

背景には男女の賃金格差という問題がかかわっていて、「子どものこともあり、できるだけ収入は確保したい」「そのためには夫がたくさん働いたほうが合理的」「だとすると家事・育児のアンバランスも致し方ない」と、構造的にそのような結論に導かれていくという…。だからある意味、個人の努力だけでどうにかなることじゃないんですよね。**昔は個人間の揉め事だと思って、「ひどい夫（彼氏）だね」と言ってたけど、その根っこが社会問題とつながっているとわかってからは、エピソードの読み取り方が変わってきました。**

職場での恋バナ・愚痴はタブー？　アメリカと日本のコミュニケーション

――ちなみに皆さんは、恋人関係だけでなく、人間関係を結ぶ上で難しいなと思うことはありますか？

ワッコ　私は最近、人と踏み込んだコミュニケーションを取るのが難しいなと思っていて。例えば職場の人と仕事以外の話もしたいけど、何をどこまで聞いたり、話したりしていいのかわからない。アメリカの職場ではどうなんでしょうか？

ダニエル　一概には言えないけれど、基本的に職場で恋バナとか愚痴は言わない人が多いと思います。プライベートな情報を、自分のポジションを下ろすのに利用されるかもしれないから。**仕事とプライベートは完全に切り離して考えられている気がします。**会社はあくまでもお金を稼ぐ場所でしかないし、上司も部下も同僚も友達ではないという考えが広がっていると思います。

ワッコ　そうか、そこまでプライベートと仕事の線引きがはっきりしているんですね！　私は職場で雑談をするのが好きなので、割と何でも話してしまうタイプなのですが、個人的な話をしたりされたりするのが苦手な人もいるんだろうなと不安になったりします。自分も年齢が上がってきているので、若い人に〝圧〟を与える存在になっていることを自覚しなければと思う毎日で…。

ダニエル　なるほど…。でも、パワハラやセクハラ、バウンダリー（P12）の概念が入ってきたことで必ずしもコミュニケーションを取るのが難しくなったかというと、そうではない気がするんですよ。もともと、踏み込んだコミュニケーションを苦手に感じていた人は存在していて、その人たちが我慢してきたから表面化しなかった可能性もありますよね。**それなのに「この時代にはこれはアウトだよね？」と、受験の穴埋め問題みたいな発想で目の前の人と接する人もいるけど、それってなんだか誠実ではないと感じるんですよね。**

ワッコ　**確かにそこは相手や関係性にもよるし、正解はないから、マニュアル的に考えるのはよくないですよね。**

清田　そういえば最近、Prime Video の配信ドラマ『１１２２　いいふうふ』を見ながら、バウンダリーの重要性と難しさを考えさせられたところでした。このドラマでは、互いの自由を尊重し、ときに不倫まで公認し合う夫婦が主人公なのですが、物語が進むにつれ、「二人で一緒にいる意味」が段々とわからなくなっていくんですよ。

「あなたはあなた、私は私」と、夫婦であってもそれぞれ〝個人〟であることを大事にする姿勢が本当に大事だなと思った一方、バウンダリーを意識するがあまり、お互い相手に踏み込みづらくなり、どうコミュニケーションを取ればいいかわからなくなっていくようなところもあって……。

ダニエル　人との関係の中で、一概に「ここまではOKで、ここまではNG」とは言いきれないけど、確かに、バウンダリーを徹底していたら必ずいい未来があるかといえば、それはわからない。**必要なのは、最低限相手を尊重するという姿勢を大事にすることなのかもしれないですね。**

感情を表す言葉を見つけると、自分と社会が見えてくる

――恋愛や人間関係がうまくいかないと感じている読者に対して、皆さんならどのような声をかけますか？

ダニエル　例えば、恋愛で悩んでいるときには、仕事や学業、友人や家族をないがしろにして、恋愛に依存してしまってる状況に無自覚に陥っている人って結構多いと思ってて。そういう人は恋愛がうまくいかないことが人生最大の悩みになりがちだから、それ以外のことも均等に考えようとするのはいいかもしれない。

恋愛相手にこれまでかけてきた時間やお金のことを考えると、ここであっさり引き下がれないと感じる場合もあると思うんですよ。でも、その損得勘定によって非合理な行動をとってしまう場合も多い。**この現象には「sunk cost fallacy（＝サンクコストバイアス：お金や労力、時間を投資した結果、たとえ今後のコスト**

がメリットを上回ったとしても、これまでの投資を惜しんで同じことを続けてしまう心理傾向のこと)」という名前があるんですが、そうならないように意識するのはありかも。

清田　いろんな現象に名前がついているのが面白いですよね。桃山商事でもそれを意識していて、特にワッコの作ったパワーワードが話題になることが多い(笑)。例えば、「何やってんだろう自分…」と思いながらSNSのつぶやきやくだらないショート動画を延々見てしまう行為を〝虚無る〟と名付けたり。

そうやって現象に名前をつけることでテーマ化することができ、共有したり分析したり内省したりということが可能になる。そこから構造問題につなげることもしやすくなりますよね。桃山商事の活動をしてなかったら、自分の男性性を内省的に振り返る発想は持てなかったと思います。男性は自分の内側の話となると、途端に語彙が乏しくなってしまうことが結構ありますよね。なぜ不機嫌になるのか、何が嫌だったのか、言語化しないからコミュニケーションも広がらない。それでフラストレーションを溜め、被害者意識を募らせたり、他者への攻撃性を発露してしまったりする。そうならないためにも、内省やおしゃべりを通じて言葉を耕しつつ、社会構造の問題にも視野を広げていくことが大事だなって思います。

ワッコ　おしゃべりって本当に偉大ですよね。言葉にすることで整理されたり、根っこにある問題に気づける。その瞬間ってなんとも言えない爽快感があります。

第5章

環境・人権

“Mob wife”

セレブやZ世代が古着を支持するのはなぜ？　マイクロトレンドに対抗するヴィンテージへの回帰

今、Z世代が古着を選ぶ理由

――今回はファッションのホットトピックについて伺います。

2024年のアカデミー賞のアフターパーティでマーゴット・ロビーが『MUGLER（ミュグレー）』のヴィンテージのコルセットで登場したり、ゼンデイヤが’95〜’96年AWの同じくミュグレーのボディースーツを着用したりと、**過去の名品をあえて取り入れる、〝アーカイブファッション〟が注目を集めています。**

ファッション・ファンダム界隈（いわゆるHigh Fashion Twitter、略してHFT）のXで話題になる投稿を見ていると「あの伝説のコレクションピースだ！」と盛り上がっていて、レアなアイテムを入手（アーカイブプル）できたスタイリストほどリスペクトを得られているように感じます。ただ、個人的にはヘアメイクも含めたトータルコーディネートや、TPOに合ったスタイルを提案するのがスタイリストの仕事だと思っているので、レアなアーカイブを持ってきたからといって評価が上がるのは少々疑問ではあると思います。

――アメリカではセレブ以外の人でもアーカイブファッションに注目しているのでしょうか？

ハイブランドの貴重なアーカイブファッションは服好きの人たちのあいだで盛り上がっているトピックですが、さまざまなブランドのヴィンテージ製品を扱う『**The RealReal（ザ・リアルリアル）**』や『**Vestiaire Collective（ヴェスティエール・コレクティブ）**』などのサイトが特に人気で、利用している人は少なくないと思います。

Z世代を中心とした若い人には『Goodwill（グッドウィル）』という売上の多くを慈善活動などに寄付する古着屋や『Depop（ディーポップ）』という、メルカリに近いようなフリマアプリが身近です。1点10〜30ドル（約1400〜4200円）といった価格帯の服が充実していたり、量り売りされていたりと、手頃な価格で服が手に入るので人気を集めていますね。

――若い世代の人が安価なファストファッションブランドではなく、古着を選ぶのには理由があるのでしょうか？

まず、Y2Kファッションに代表されるようなリバイバルファッションのアイテムが古着屋だけでなく、オンラインショップや個人間のオークションサイトなどで手に入りやすくなったという点があります。

とはいえ、Z世代が古着しか着ないかといえばそうではなくて、ファストファッションが好きなZ世代もいるし、両方楽しみたいという人もいる。そこはグラデーションなんですよね。**でも、古着に対する抵抗感はほかの先行世代よりも低いのは確かだと思います。**

かつての「古着なんて貧乏くさくて汚い」などというネガティブなステレオタイプのせいで笑い物の対象になってしまっていた風潮が変わり、**「古着でコーディネートを組んでいるのはおしゃれ上級者で個性的なスタイルの持ち主、なおかつサステナブルで環境にも配慮しているクールな人」、というイメージになったのは大きな変化だと思います。**

また、経済的な理由も大きくかかわっています。**就職難・インフレの被害に遭っているZ世代は膨れ上がる学生ローンの返済に追われ、ファッションにたくさんのお金をかけられるほどの余裕がなくて当たり前だという認識を持っている。**また、素材や人件費のコスト高、企業による利益の追求によって物価が急激に上がっているのに商品のクオリティはイマイチだから、縫製も丁寧で生地の質も高かったヴィンテージの服をあえて購入する人も。

例えば、新品のレザー商品は、動物の皮革で作られたものは動物保護の観点から人気が低いうえに、価格が高めです。近年は「ヴィーガンレザー」という名前でフェイクレザーも普及していますが、聞こえはよくてももとをたどると石油由来のプラスチック素材が使われていて環境に負荷がかかったり、質があまりよくなくて長持ちしにくいという場合も。**それだったらヴィンテージの革製品を購入したほうがよほど環境負荷も低く、長く着られるとも言われています。**

ちなみに私は先日、『Goodwill』で9ドル（約1260円）のレザーバッグを見つけたのですが、新品だったら数百ドルで売られている高級ブランドのもので質もよく、今も丁寧に手入れをして愛用しています。TikTokでも古着屋でボロボロになったヴィンテージの革バッグや小物を購入し、洗い方やリストレーション（修復）する方法を伝えながら新品のようにきれいにする動画コンテンツ〈※1〉をよく見ます。

「古くなっても手入れをちゃんとすれば長く使える」という、新しいものをじゃんじゃん買うことが美徳のようにされていた消費主義のアメリカでは画期的な価値観が、徐々に一般的なものになっていると感じますね。

〝マイクロトレンド〟から距離を置きたい人が古着へシフト

ファッションの話をするときに避けて通れないのは、〝マイクロトレンド〟＝〝非常に短いトレンド〟による、そのサイクルの速さです。最近は、SNSによって情報が回るスピードが著しく速くなったことで、インフルエンサー発のマイクロトレンドが生まれやすくなっています。ただ、インフルエンサーが身につけたアイテムは人気を集めるのも早いですが、収束するのも早い。

例えば、2023年に映画『バービー』の公開に合わせて、ピンクの服を買う人が増えましたが、数カ月後、古着屋が『SHEIN（シーイン）』や『ZARA（ザラ）』のピンクの服で埋め尽くされている光景を目の当たりにしました。さすがに捨てるのは気がひけるから、せめてもの罪滅ぼしとして古着屋に持ち込む人が少なくなかったようです。

また、少し前までは「clean girl」と呼ばれるスタイルが流行りました。キュッと髪をまとめて、タイトなTシャツやタンクトップにデニムを合わせて、小さめのサングラスをかけるスタイルです。**それが2024年に入って、SNSやファッションメディアなどで盛んに「mob wife（モブワイフ）に注目！」と言われ出して。**

――「Mob wife」とはどんなスタイルなんでしょう？

「Mob wife＝極道の妻」と訳されるように、ゴージャスなフェイクのファーコートやレオパードなどのアニマル柄、大きなイヤリングなどを身につけて、濃いアイメイクをしたスタイルです。要は「clean girl」の正反対ですよね。**新しいトレンドを作り続けないとものが売れないというのもよくわかるんですが、急にSNSでは「mob wife」一色になり、ハッとした人は多いと思うんですよね。「私たちはトレンドを買わされてるだけなんだ」って。**しかも今となっては話題にもなりませんしね。

――Z世代を中心とした若い世代はSNSを眺める時間が長いため、トレンドのサイクルの速さを顕著に感じやすくなったのかもしれませんね。

そうですね。そして、自分に合ったものではなくて、何かしらのキャラを演じることがファッションになってしまっていると感じたのではないでしょうか。自分のスタイルが確立されていたら、むやみにトレンドに左右されずに済む。**そんな中で、「本当に自分に似合う一着を見つけたい」「ほかの人と被らないファッションを楽しみたい」という人が古着に注目するようになったと思います。**

もちろん、今トレンドのスタイルをよりサステナブルに楽しみたいから、古着で寄せ集めて再現するという人も多くいます。トレンドとは過去のスタイルのリバイバルであることが多いわけですから、必然的にファッションは〝サイクル〟であるということがよくわかります。

――では、マイクロトレンドに流されず古着を買う、という風潮に関しては、好意的に受け入れられているのでしょうか？

実は、そうでもない意見もあります。自分で見つけた掘り出し物の古着をSNS上やフリマアプリで転売している人も増えており、「古着屋に行ったらそういう人のせいでもう可愛い服がない」と嘆く意見も。

例えば1枚5ドル（約700円）で買った古着のシャツを「2000年代ヴィンテージスタイル」とかキャッチーな説明文をつけて100ドル（約1万4000円）で売るとか。**「自分のためではなく転売目的で古着を買っているのなら、結局は資本主義に絡め取られているじゃないか」と指摘されることもあります。**また、ハイブランドのドレスを自分の好みの丈に合わせて仕立て直してもらう人が「大切なヴィンテージ品を台なしにしている」と叩かれたり、古着を今風のスタイルにリメイクする人が同じように批判されることもネット上ではよくあること。

しかし、冷静に見ればそのようなヴィンテージ商品は一部の例外を除けばレアなものではなく、リメイクしなければいずれは捨てられるだけのもの。みんなが思ってるよりも古着というのはよっぽど多くストックが余ってしまっていて、**それをアップサイクル（リメイクして再利用）することは決して「価値のあるものを無駄にしている」わけではないのです。**

一見使い物にならないようなボロボロの服をフェス用の衣装に作り替えたりと、一般的には「一度しか着ないで捨ててしまう」ような服をファストファッションで買うのではなく、自分で古着から作り直している

TikTokerもポジティブな評価でよくバズっています。

また、ファストファッションも、完全に否定的にとらえられているわけではありません。「貧困層やプラスサイズの人など、これまでほかのファッションブランドの服を買えなかった人も手に取れるようになったんだから、断罪するのはよくない」という声もある。しかし、実際に『SHEIN』を購入している最も大きな顧客層は月に100ドル（約1万4000円）以上を服に使っているという統計〈※2〉もあり、**問題は大量にファストファッションを購入してトレンドを高スピードで消費している人たちにあるということもよく話題になります。**

〝無敵〟と言われるファッションアカウントとは？

――ファッションをめぐる課題は環境問題や貧困問題、ルッキズム、ダイエットカルチャーとも密接にかかわっていて、一筋縄ではいかないですね。ちなみにファッション業界で話題になっている人はいますか？

セレブを担当している敏腕スタイリストは度々名前が上がる印象があります。ゼンデイヤのスタイリングを担当しているロー・ローチは特に有名ですよね。それから、**個人的に注目しているのは、Xで「無敵のメンズウェアアカウント」として知られる「Derek Guy（@dieworkwear）」です。**

例えば、**悪評高い政治家について、直接的に公約や態度を批判するのではなく、それらが自明であるという前提でその人が身につけているスーツがいかに体型に合っていないかとか、ファッションアイテムの歴史からひもといてこの場にふさわしくないとか、細かく分析して批判するんです。**弱者を搾取するような人たちをこのようなテクニックで小馬鹿にしたり、彼を攻撃しようとする差別主義者の写真を使って彼らがいかに「知ったかぶり」をしているのか、メンズウェアへの知識とネット強者特有の反論テクニックでひれ伏させてしまいます。

そして、ただ批判するだけでなく、「あなたの体型に合うのはこういうシルエットのものですよ」など、身近なファッションサイトで売られている手頃な価格のアイテムを提案していて、私は好感を持って見ています。ファッションアイテムやブランドの歴史についてもスレッドを頻繁に展開していて、学ぶこともとても多いです。

――こういう話を聞くと、ファッショントレンドから社会を見るのはとても興味深いですね。

そうですね。そういえば、服好き界隈で有名な「Brenda Weischer (@brendahashtag)」というブランドコンサルタントが日本のヴィンテージショップをめぐっていると投稿していました。というのも、日本はバブル期にブランド品を買い漁っていた人が多く、当時の貴重なバッグや宝飾品、服が国内の質屋やブランド専門のヴィンテージショップに多く出回っているんですよね。外国では買えない、レアかつ状態がよいものも多く、特に円安の今は注目されています。

〈※1〉https://www.tiktok.com/@willdernesstyler
〈※2〉https://www.businessinsider.jp/post-271839

“Alternative milk”

“got milk”から“not milk”へ。急激に多様化する「オルタナティブフード」とその背景にある思想とは

アメリカで拡大する「オルタナティブフード」市場

――アメリカでは植物由来の原料で作る「代替食品」の普及が、日本に比べて進んでいる印象があります。その背景にはどのような事情があるのでしょう?

まず、アメリカは多民族国家なので宗教的に肉が食べられない人も多いということを大前提に、近年の傾向としては大きく3つの理由があると思います。

ひとつめは環境保護の観点。温室効果ガスの排出や水資源の使用、森林破壊など、**畜産業が環境に与える影響が大きいことを問題視して、植物ベースの食事が注目されるようになりました。**

ふたつめは動物福祉の観点。ドキュメンタリー番組などを通して、動物が劣悪な環境で飼育されていたり、食肉処理されたりするシーンを見る機会が増えたことで、**動物の権利や福祉に対する関心が高まり、ヴィーガンやベジタリアンを選ぶ人が増加しています。**アメリカでは学校でドキュメンタリー番組を見ることも多く、友人の中にはそれがあまりに衝撃的な映像で、それ以降肉を食べられなくなったという人もいます。

みっつめは健康志向の高まりによるもの。心臓病や糖尿病、肥満症など**慢性疾患のリスクを減らすために植物ベースの食事を選ぶ人が増えています。**

特に進化が進んでいるのが「alternative meat(オルタナティブミート)=代替肉」です。大豆や小麦、豆

などを粉末にし、肉のように成形して、味付けしているものが多いのですが、タンパク質が豊富でコレステロールなどの脂質が少ないので、ヘルシー志向の人からの支持も厚いです。こういった需要に対応するために、大企業からスタートアップまでフードテック事業に乗り出していて、近年ますます技術が発達。例えば冷凍で売っている「オルタナティブミート」のフライナゲットは、本物のチキンナゲットと区別がつかないぐらいおいしいんです。

――ヴィーガンやベジタリアンのための〝ジャンクフード〟も発達しているんですね。

バラエティ豊富なんですよ。とはいえ、植物性だからといって必ずしもナチュラルというわけではありません。例えば先日ヴィーガンの友人が植物性由来のクリームサンドを食べていましたが、成分表示を見ると〝ケミカル〟だらけ…。それはそれでどうなんだろうと思ったけど（笑）。

また、肉に次いで環境負荷が高いと言われる乳製品も、今ではさまざまな代替食が考案されています。**アーモンドやオーツ、大豆、ココナッツなどを原料とした「alternative milk（オルタナティブミルク）」＝代替ミルク」が急速に一般化していて、好みやライフスタイルに合わせた選択肢が多様に広がっています。**

個人的な感覚ですが、牛乳を飲んでいるZ世代の若者は、私のまわりではかなり減りました。それは先にお伝えした3つの背景だけではなく、乳糖不耐症や乳製品アレルギーを持つと自覚する人が増えていることや、セレブやインフルエンサーの存在も大きく関係しています。

――セレブやインフルエンサーが関係しているのはなぜでしょう？

若い世代が憧れるセレブやインフルエンサーの中には、ヴィーガンやベジタリアンのライフスタイルを実践・支持している人が少なくなく、彼／彼女たちの中で牛乳を飲んでいる人はほとんど見かけなくなってきています。それが自然と、**「オルタナティブミルク」＝健康的かつおしゃれ、というイメージを一般の人にも与えていると思います。**

イギリスのある統計によると「人前で牛乳をオーダーするのは恥ずかしいというZ世代は約半数」という記事もありました。〈※1〉その理由として、「植物ベースのミルクのほうが環境にいいから」という意見が上位を占めていた。これはアメリカと一緒ですね。

〝got milk〟から〝not milk〟へ

牛乳離れが進んでいると言われるけれど、これまで牛乳が一般的な飲みものとして普及してきたのはなぜなのか。ひとつ参考にしたいものがあります。それは、**アメリカで1993年から2014年にかけて大々的に行われたキャンペーン広告「got milk ?」です。**

当時、広告代理店が有名監督と俳優を起用して制作したCMが流れ、店頭でもさまざまな販促キャンペーンが行われました。ショッピングカートや街中を走るトラックにも「got milk ?」のロゴがつけられるなどして幅広く展開。これは史上最も成功した広告とも言われていて、結果的に1993年まで落ち込んでいた牛乳の消費量が、このキャンペーンが広がると同時にV字回復しました。〈※2〉

また近年でも、オリンピックのメダリストやサッカー選手を起用し、〝元祖スポーツドリンク〟というイメージで売り出す牛乳ブランドがあったり、eスポーツの試合で公式のパフォーマンス飲料として打ち出されたり、消費者の牛乳離れを改善すべくキャンペーンを行う団体もあります。

――ブランドなどの戦略によって、牛乳のイメージが次々に変えられているんですね。

そうですね。**こうしたキャンペーンに反対する一部の人たちが「not milk」というスローガンで、牛乳と距離を置く動きも見られています。**

「オルタナティブミルク」のメリット・デメリット

こうした動きの中でますます注目が集まる「オルタナティブミルク」ですが、実はすべてがいいことばかりではありません。

例えば、アーモンドは栽培時に水を多く消費する作物で、特に栽培が多いカリフォルニア州では干ばつが頻発し、問題視されています。〈※3〉また、ココナッツはフィリピンやインドなどで多く生産されていますが、そこで働く人の労働環境は劣悪で、倫理的な課題があると報告されています。〈※4〉〈※5〉そして、ライスミルクに使われる米。作付け時には、二酸化炭素の約25倍の温室効果があるというメタンを放出すると言われ、環境負荷が高いと指摘されています。〈※6〉

ファッションの分野で注目されているヴィーガンレザーも、石油由来のプラスチック素材が使われていたり質が低く長持ちしにくく、一概に環境にいい素材とは言いきれないことと同じように、**食の分野でも完璧な選択肢はないということです。**

食の多様化が進み選択肢が増えている分、どんな食べものを選ぶかが、アイデンティティに結びつきやすくなりました。アメリカ（特に都市部）ではヴィーガンやベジタリアンはモラル的にいいと受け取られるようになってきているし、都市部であればどこのカフェやレストランにも選択肢があり、宗教と同じ、もしくはそれ以上の配慮を得られるようになってきています。

——外食先でも、自分にとって望ましい食の選択肢があるというのはいいですね。

そうですね。ヴィーガンやベジタリアンの食事のほうが心地よく感じられる人もいるし、それが自分にとってはサステナブルではない人もいる。**何を食べて、何を食べないかは自由に選んでいいものです。**

ただ、自分に課したルールを守れなかったことで自分を責めてしまい、心も体もすり減らしてしまったり、食が思想と結びついて特定の考えをほかの人に強要してしまう…といったことには気をつけなければなと思います。

個人個人が自分に合うものを見つける中で、オルタナティブな選択を楽しめるようになれるといいですよね。

〈※1〉https://vegnews.com/gen-z-ashamed-to-order-milk-in-public
〈※2〉https://teisei-ishin.co.jp/mail-magazine/vol43/#i
〈※3〉https://shizen-hatch.net/2022/03/10/superfood-environmental-issues/
〈※4〉https://edition.cnn.com/2015/11/30/asia/philippines-coconuts/index.html
〈※5〉https://www.google.com/url?sa=t&source=web&rct=j&opi=89978449&url=https://desagri.gov.in/wp-content/uploads/2024/04/2018-19-A-comprehensive-study-on-the-issue-of-coconut-production-in-Karnataka.pdf&ved=2ahUKEwje5K2RmeClAxWe4DQHHfkYNhwQFnoECBUQAQ&usg=AOvVaw0NLU1y99hmXoeatcGMqWMp
〈※6〉https://www.nikkei.com/article/DGXZQOUB06DVV0W4A800C2000000/

“Choice feminism”

〝可愛くなりたい〟〝痩せたい〟は本当に自分のため？「チョイス・フェミニズム」が社会の問題を個人の選択に見せかける

女性の選択を尊重する「チョイス・フェミニズム」

――今回は、女性の権利や地位の向上を推進するフェミニズムについて話を伺えたらと思います。歴史上フェミニズムには、いくつかの波（waves）があり、それぞれ異なる課題や目標を持っていますが、近年アメリカではどのような議論が行われているのでしょうか？

最近は、「choice feminism（チョイス・フェミニズム）」というフレーズが話題になっていると感じます。**「チョイス・フェミニズム」は女性が自分の人生において自由に選択を行う権利を主張し、女性が取る選択はどれもフェミニスト的であるとする考え方で、職業選択や家庭生活、育児、服装、ライフスタイルなどあらゆる側面における選択を含みます。**

そして、すべての女性の選択は肯定され、尊重されるべきだと主張します。例えば専業主婦として家庭に専念すること、キャリアを追求すること、そのどちらも両立させることなど、どの選択も平等に価値があり、多様な選択を肯定すべきと考える価値観です。

――「チョイス・フェミニズム」が生まれた背景についても知りたいです。

1960年代以降の第二波フェミニズム運動に対する反動として登場したと言われています。第二波フェミニズムは、女性の解放と社会構造の変革を求めるものでしたが、「チョイス・フェミニズム」は、第二波の中で起こった「女性らしいとされるファッションや振る舞いは、社会が押しつけた〝女らしさ〟に従っているだけだ」という主張に対して、「女性がやりたいからやっている。選択は個人の自由である」といった考えを展開しました。

ただ近年では、「チョイス・フェミニズム」がネオリベラル的なフェミニズムを批判する際に使われる言葉としてよく使われるようになっています。

「チョイス・フェミニズム」は構造的問題を見過ごしてしまう

——職場や家庭、政治や教育などあらゆる分野で個人が尊重されることはいいことのように思いますが、何が問題視されているのでしょう?

「チョイス・フェミニズム」は個人の選択を尊重するあまり、社会的・経済的な問題の構造を見過ごすことにつながると指摘されています。

そもそも、「チョイス・フェミニズム」という言葉が初めて使われたのは、2006年に弁護士・作家であるリンダ・ハーシュマン氏が出版した書籍『Get to Work: A Manifesto for Women of the World』の中でした。**ハーシュマン氏は「単に女性が選んだというだけで、その選択が必ずよいというわけではない」と主張するため、当時女性たちのあいだで人気があった「女性の選択はすべてフェミニスト的である」という考えを「チョイス・フェミニズム」と呼び、それに対する批判を展開しました。〈※1〉**

例えば女性が自身の選択の結果として主婦になることを選んだとしても、その背景に社会的圧力や経済的な制約がなかったかについては考慮しなければなりませんし、その選択は男性中心的な価値観の社会の中で行われている以上、社会的な影響から完全には逃れられていないという可能性は無視できない。

専業主婦になるという選択だけではなく、例えばＡＶ女優になるとかパパ活をするなどといった選択についても考えなくてはいけない。**お金を稼ぐ手段として自分の性を売りにすることは、一見すると性的自己決定権が女性の手にあり、そうした選択は尊重されるべきとも語られますが、現在の社会が男性中心的であり女性はその影響を必ず受けていること、そしてその女性の選択が結果的に男性にとって都合のいい社会構造につながっていることについては議論すべきです。それなのに「本人の選択だから」といって議論を封じてしまうことが問題だと言われています。**

選択は完全に「自由な意思」に基づいたものではなく、内面化されたミソジニーの影響や、社会に染みついた家父長制の影響を受けているのです。そういった社会からの影響を無視することができない限り、女性が選択したからといってそのすべてを手放しに肯定するべきではない、という問題提起こそが「チョイス・フェミニズム」への批判です。

――「チョイス・フェミニズム」の姿勢が、家父長制の風潮を強化することにつながりかねないんですね。

整形や脱毛といったルッキズムにまつわる選択も同じです。〝可愛くなりたい〟〝痩せたい〟という願望は、特定の美の基準に当てはまらなければ、偏見や差別を受けてしまうかもしれない、という社会の圧力からくる不安の影響などを少なからず受けています。**どうして、見た目がよくないといけないのか、その美の基準は誰が決めたのか、という構造を考えるべきですよね。**

そういえば先日、脇に塗るコンシーラーをおすすめしているインフルエンサーがＳＮＳで批判されていました。本人は脇の色素沈着というコンプレックスを克服して「自信を持つ」ためのツールだと主張していましたが、そもそも女性がこうした劣等感を植えつけられるのは、家父長制的な考え方や資本主義的な考えが根強くかかわっているよね、という議論が改めて話題になりました。

――そう考えると、自分の日々の選択が、家父長制や資本主義の考えから逃れたものなのか疑わしくなってきます。

そうですね。そうやって一度立ち止まることが大事だと思います。

フェミニズムの課題を補完するインターセクショナリティの視点

「チョイス・フェミニズム」が行きすぎてしまったせいで、基礎的なフェミニズムの議論が置き去りにされていると思うんですよね。

「お金を稼ぎたいからgirlboss（P53）になりたい」という人に対して、「それは彼女の選択だから尊重する」というだけなのはあまりに短絡的に止まってしまいます。女性が自分をエンパワーするために、金銭的に裕福になりたいと思うのはなぜなのか。影響力を持つことに固執したり、拝金主義に傾倒したりすることについて、**それが女性自身の選択ならそれを「尊重する」「批判してはいけない」と判断するだけで終わりになってしまうのは、元凶である社会構造への批判を避けることにもなってしまう。**

例えばアメリカのセレブ、カイリー・ジェンナーが若い頃から整形を選択してきた理由を「自信を持ちたかったから」と公言していますが、そもそも女性が自信を持つためには胸や唇が大きく、男性ウケするようなセクシーな見た目でないといけないのか？**彼女のような影響力を持つ人がこのような価値観を発信することで、若い女性たちへの悪影響になってしまっているのではないか？といった議論はたくさんされてきました。**カイリーがどのような選択を取ろうと自由ではあるし、その選択は否定されるべきではないけれど、その選択が必ずしも「フェミニスト的選択」だとは限らない、そしてその選択が社会全体に対しては悪影響を及ぼしている可能性がある、という議論です。

――男性から見たときに魅力的かどうかという視線で自分を見てしまっているかもしれない。つまり、男性の視線というフィルターを内面化していることを考える必要がありそうですね。

本来のフェミニズムはインターセクショナルじゃないと効果を発揮しないはずなんです。

――フェミニズムは、インターセクショナル（この世にある差別は、例えば「女性差別」「黒人差別」「同性愛差別」といったように分類されるものだけではなく、「黒人の女性」の人が受ける差別や「アジア人で同性愛者の男性」「身体障害を持つ白人女性」が受ける差別など、個人が持つ複数のアイデンティティが組み合わさって起こる特有の差別が多数存在しており、その現状に目を向けることで、これまで社会で語られてこなかった差別について考えたり、複数の社会問題の重なり合いについて考えること）であることが欠かせないと。

そもそもフェミニズムは、一部の女性を救うだけじゃなくて、さまざまな抑圧を受けている人に配慮をすることではじめて「救い」になるはず。フェミニズムが変化を求めていることの根幹にある家父長制による抑圧、資本主義に基づく性的搾取、ミソジニーといったあらゆる問題は、白人女性だけではなく、黒人やアジア系、ラテン系などのあらゆる人種、ノンバイナリーやトランスジェンダーといった多様なジェンダー、障害を持つ人などが抱えている問題にもつながります。

それなのに、例えば「どんな過激な選択であっても、女性のエンパワーメントのためならその行動はむしろ推奨されるべき」などといった個人の考えがフェミニズムとしてポップにとらえられてしまうと、多様で複雑につながっている差別の根幹や社会的背景に目を向けづらくなってしまいますよね。

かたくなに議論を受け付けない姿勢は、本来のフェミニズムとかけ離れている

――「チョイス・フェミニズム」への批判を受けて、今後どう変わっていくと思いますか？

フェミニズムを理論から学び直して、「チョイス・フェミニズム」的考え方を見直そうという声が少しずつ大きくなると思います。なぜなら、「本人の選択だから尊重されるべきで、他人がとやかく言うことではない」といった理屈でかたくなに議論を受け付けない姿勢は、さまざまな問題を議論することで差別をなくし、搾取や抑圧から、あらゆる人を解放することを目指す本来のフェミニズムの発展を妨げてしまっているからです。

これまでのフェミニズムの波が時代を経て、議論を重ねて大きく変化してきたように、時代や環境が変われればフェミニズムのあり方も変わるということを忘れてはいけないと思います。

〈※1〉https://www.thenation.com/article/society/linda-hirshman-obit/

竹田ダニエル 対談 能條桃子

『FIFTYS PROJECT』代表
能條桃子

2019年に若者の投票率が80％を超えるデンマークに留学し、若い世代の政治参加を促進する『NO YOUTH NO JAPAN』を設立。Instagramで選挙や政治、社会の発信活動をはじめ、若者が声を届け、その声が響く社会を目指して、アドボカシー活動、自治体・企業・シンクタンクとの協働などを展開。活動を続ける中で同世代の政治家を増やす必要性を感じて『FIFTYS PROJECT』を立ち上げる。米『TIME』誌の「次世代の100人 2022」選出。『大下容子ワイド！スクランブル』（テレビ朝日）に出演中。

私たちには〝感情のリハビリ〟が必要だ——。間違いを恐れないことから、社会は変わりはじめる

人権問題や、環境問題に直接影響を与える政治の枠組みや政策。若者の政治参加を促進しようと活動している団体『NO YOUTH NO JAPAN』代表理事である能條桃子さんを迎え、対談します。同世代かつ、もともと知り合いだったというお二人。さまざまな問題に取り組む上で重要な情報の集め方、人と議論を発展させるために必要なことなどを語り合いました。

政治の話は歓迎されない。それまでの常識を変えたSNSアカウントができるまで

――お二人はどのようなきっかけで社会問題や政治などのトピックについてSNSで発信するようになったのかでしょう?

能條　私は幼い頃から政治に関心があるほうだったと思います。でも、熱心に発信することがあまりまわりから歓迎されるムードではない気がしていて、特に自分で活動したりはしていませんでした。でも2019年に**デンマークに留学したとき、まわりの子たちが積極的に政治について語ったり、自分と同い年の21歳の人が国会議員になったりしているのを見て、「若い世代の声も政界に届くんだ!」と、その風通しのよさに驚きました。**

その経験を経て、2019年日本の参議院選挙のタイミングで、政治や選挙について発信するメディア『NO YOUTH NO JAPAN』(以下、『NYNJ』)のSNSアカウントを作ったんです。ジェンダー平等や選択的夫婦別姓、同性婚が実現してない今の日本の政治がおかしいと思うなら、選挙に行こうよ!と。

ダニエル　SNSを中心に発信していこうと思ったきっかけは?

能條　デンマークにいながらできることを考えたら、SNSでの発信が一番だと思ったんだよね。その頃よく日本の友達から、「誰に投票していいかわかんないから、選挙に行けない」という声を聞いていたのと、当時ちょうどEU議会議員選挙があって海外のSNSでインフォグラフィックを見ていたから、日本語版でやったらよさそうだなと思った。

ダニエル　政治にはどういう経緯で興味を持つようになったの?

能條　小学校のときの先生が割とリベラルな人で、新聞の読み比べをしたり、市長に質問に行く機会をつくってくれたり、そういう主権者教育を通して政治に有効感が生まれたんだと思う。それ以来、政治に関心を持ちはじめて、大学生のときに選挙事務所でボランティアをやってみたんだよね。**ところが蓋を開けてみると、まわりは男性しかいないし、支援者は高齢者の方ばかりで、正直とても自分の居場所と思えなかった。**

そんな中でデンマークに留学してみたら、同世代の人が楽しく政治活動をやっていたから、「これがやりたかったやつじゃん！」って衝撃だったの。

『ＮＹＮＪ』のアカウントを作ってからは、２週間でフォロワーが１万５０００人ぐらいになって、すごく驚いた。それまで「政治の話は人前でしないほうがいい」と言っていた友達も投稿をシェアしてくれたり、「お姉ちゃんと一緒に選挙に行ったよ」と報告してくれる人がいたり。**政治の話ってタブーだと思っていたけど、そんなことないなと。最初は参院選が終わったらアカウントを閉じようと思っていたんだけど、いろいろできるかなと考えて、それが今でも続いている感じ。**

ダニエル　今でこそ日本語のインフォグラフィックのＳＮＳは増えたけど、『ＮＹＮＪ』は先駆けだったよね。日本では権威のある人やマスメディアの情報は信頼できるけど、一般人が発言すると「専門家じゃないのに」と非難される傾向があると思ってて。『ＮＹＮＪ』は特定の個人ではなくチームが運営するアカウントだから、みんながフォローしやすいっていうのがあったのかな。

能條　そうかもしれない。個人で発信するよりもチームのアカウントにしたほうが中立的な立場の発信として受け取ってもらいやすいし、投稿もシェアしやすいと思ったんだよね。きっと同じ内容を個人のアカウントで発信してもここまでフォロワー数は伸びなかっただろうなと思う。

――ダニエルさんがＳＮＳで社会問題を発信するようになったきっかけは？

ダニエル　竹田ダニエル名義でTwitter（現：X）アカウントを作ったのが2019年の秋。当時、学生をしつつアメリカと日本を行き来しながら音楽エージェントとして活動している中で、音楽業界と社会のつながり、文化の盗用やアーティストのメンタルヘルスの問題とかいろいろ思うことがあって、それをツイートしてたら注目を集めるようになりました。

2020年にパンデミックが起きて、若者が社会的にも精神的にも大きく影響を受けていると思ってからは、アメリカのZ世代の話をするようになった。それ以降、いろんなところから寄稿依頼が届くようになったという感じですね。

政治のトピックを扱うようになったのは2020年、アメリカ大統領選があった頃。いろんなアーティストが自分の立場を表明していて、それに対してどのような反応があるのか、こちら側から見えることを発信することが増えたんです。アメリカの政治はものすごく複雑だからすべて理解しているわけでもないけど、現地ではどんなことが起きていて、その背景にはどういう問題があるのかを伝えようと思って。

――そう思ったのはなぜですか？

ダニエル　日本でミスインフォメーションが広まっていると感じることが多々あったからかなあ。翻訳が誤っていたり、一部の動きをメインストリームのように扱っていたり。**自分はそういう風潮を見逃す構造に加担したくなかったし、少しでも自分の経験が役に立つならという気持ちがありました。**

日本を〝欧米みたい〟にしたいわけじゃない。発信の際に気をつけること

――能條さんは政治や社会、人権について関心を持つ人を増やすためには、どんなことが必要だと感じますか？

能條　『ＮＹＮＪ』の活動を通して、関心がない人にいかに情報を届けるかを考えることが大切だと感じています。でも、それがすごく難しいんですよね。『ＮＹＮＪ』は、２０２０年のＢＬＭ（Black Lives Matter）とコロナ禍を機にそれぞれフォロワーが増えたんですが、テレビや新聞の正確な情報を要約して発信していたことが、多くの人にシェアしてもらえた理由だと思います。それぞれがシェアしてくれたことで、普段はニュースを見ない、新聞を読まない、『LINE NEWS』の見出ししか情報に触れてないという人にも詳しい情報が届いていった。

ちなみに以前、選挙に行かない人たちにその理由をヒアリングしたとき、「芸能人が投票に行こうと呼びかけるよりも、仲のいい友達が投票に行っていると知ったときのほうが焦る」という意見が多かったんです。**友達同士のシェアを通して無関心層にも届いていくことが、フィルターバブル（過去の検索履歴などによってパーソナライズされた情報のみが届くことによって、ユーザーが偏った価値観を持ちやすくなってしまう事象）を超えていくきっかけになると改めて気づかされました。**

――ダニエルさんが海外の情報を伝える際、日本の方にも〝自分ごと〟としてとらえてもらうことに難しさを感じることはありますか？

ダニエル　最近は難しいと感じることが多いですね。私は客観的に情報を発信するように心がけていて、決して「アメリカ上げ／日本下げ」しているわけではないんだけど、誤解して受け取られることも多い。アメリカにももちろん差別や政治などの問題はいろいろあるから、それも含めて「〝絶望の国〟だ」とも言っているんだけど、極端な意見で感情を煽るような投稿をするアカウントが多いこともあり、そういうところは伝わらなかったりもするんだよね。

能條　すごくわかります。『ＮＹＮＪ』も、デンマークの政治について発信しているからといって、日本をデンマークのようにしようと思っているわけではないから、伝え方に迷うこともある。

——本意ではない受け取られ方を避けるために意識してることはありますか？

ダニエル　自分は一次情報や事実に基づいたコンテクストに即して書くようにすること。あとは、間違って翻訳された情報について、どこがどう間違っているのか、論理的に訂正することも意識しているかな。

能條　客観的なデータを使って伝えることも大事だよね。例えば今、国会議員立候補の年齢を18歳に引き下げようという運動をやってるんだけど、この場合も漠然とメッセージを伝えるのではなく、データを使って「OECD加盟国では、3分の2の国で被選挙年齢は18歳からですよ」と訴えるほうが効果的で伝わりやすいとか。

何を信じて、どこを情報源にする？

——お二人は環境、政治、人権などのトピックを扱っていますが、日頃どのように情報を集めているのでしょうか？　信用できる情報を集めるために、意識していることがあればぜひ教えていただきたいです。

ダニエル　自分の場合は、いろんなジャーナリストのアカウントをフォローしたり、インデペンデントメディアが配信しているメルマガやポッドキャストをチェックしてる。『FOXニュース』をはじめとしたメインストリームのニュースや、最近だと『ニューヨーク・タイムズ』でさえも、特にパレスチナ問題に関しては政治性が偏っていたりバイアスがかかった報道も多いから、距離を取りはじめているZ世代も多いと思う。**アメリカは情報源もメディアの数も多様な分、どこから情報を収集しているのかが自分のアイデンティティに結びつきやすいと感じる。**「私はこういう考えだから、このメディアを読んでいる」というように。ただ、最近はメディアの閉鎖やジャーナリストのレイオフも起きていて、そもそもニュースの信憑性やジャーナリズムの質の低下も大きな社会問題になっています。

能條　私は友達との意見交換で情報を収集することが多いです。環境NGO団体の友達やクィアコミュニティの友達、難民・移民サポートをしている人、大学生、弁護士、介護士、保育士といったいろんな環境・立場の人たちと話しながら、それぞれが抱えている問題意識を聞いて、社会運動に役立つ情報を得てる。**人に話を聞くと、いろんな問題の根本が政治の構造の中にあるんだと再認識できるし、横のつながりを作っておけばいざというときに連帯できる。情報収集しながらコミュニティを作っていっている感じかも。**

――日本では『LINE NEWS』で情報を得るという人も少なくないと思うのですが、アメリカではどうでしょうか？　TikTokで情報を得ている人も多そうですが。

ダニエル　TikTokで流れる情報の中には、ジャーナリストが書いた記事を要約して正確に説明しているものもあるんですよ。要は記事を動画にして転載しているような感じ。

能條　ソース元があるのはいいよね。日本は著作権が厳しいから、記事そのままの転載はSNSだとBANされちゃう。その規制がゆるくなれば、日本でもニュースとのかかわり方が変わりそうな気がするけど、メディア経営の問題も別であるからね。

ダニエル　**アメリカでは、メディアがTikTokを使って自ら拡散しているところもあるし、読者層が広がるなら基本的に転載してかまわない、というスタンスをとっている企業も多い印象。**例えば『ニューヨーク・タイムズ』をはじめとしたいわゆる「レガシーメディア」の中でも、公式のTikTokアカウントを作って「ショートフォーム動画」を投稿しているし。そのコメント欄も参考になるんですよ。Instagramでの投稿だったら、「この記事のこういうところがよくない」みたいなコメントがついてバズったり。Xだと、ジャーナリスト自身の考えや発信にも注目できるのが面白いんだよね。Xのプラットフォームのいろいろな使いづらさによって投稿をやめてしまっているジャーナリストも増えているけど。

「難しい問題だよね」で片づけない。間違えることを恐れないで

ダニエル　自分で発信をしたりＳＮＳを見ていて感じるのは、**アメリカでは自分に不利・不都合なルールは変えてほしいと声を上げる人が比較的多い印象があって、それによって実際にルールが変わることがあるということ。**

実感としても、アメリカでマイノリティとして生きていると、自分にとって不利・不都合なルールがありすぎるんですよね。なぜなら、そういうルールが作られた当時は白人男性にとって都合がいいことが優先されていたから、多様な人が生きる現代にはフィットしない場合が多い。だから、それを変えていこうという動きが当たり前のこととして受け取られているんだと感じるんですよ。日本ではそういうことを感じたりする？

能條　なるほどね。**日本では逆に、すでにあるルールを変えることがすごく難しいと感じる。**例えば最近も、都知事・県知事選に立候補できる年齢（２０２４年9月現在は30歳以上）を若年齢化できるように活動しているんだけど、やっぱりルールの問題が立ちはだかるんですよ。

国に意見を聞いてもらえるように、あえて25歳で立候補届を出して、不受理になった上でそれに対する申し立てとして裁判をしているんです。そのやり方でないと、制度的に訴えが認められないから。でも、そういう背景を知らない方から「ルールもわかんない人が知事になれるわけないでしょ」とか、「あなたが30歳で立候補して国会議員になってからルールを変えればいい」という意見がくる。

つまり、**「とにかくルールは絶対に守らなきゃいけない」という〝圧〟なんです。私が思っていた以上に、すでにある決まりを変えることに心理的な抵抗がある人が多いんだなって。**

――ルールに対する考え方にも、大きな違いがありそうですね。

能條　日本の社会や文化では、誰かと意見交換をするときに、「人格」と「意見」を切り離すことが難しいというのもある気がする。意見が食い違ったときに、「人格まで攻撃された」と勘違いして、冷静な議論に発展しないとか。でも本当は、意見が違うのは当たり前なわけで、その前提を忘れてはいけないなと感じます。

ダニエル　自分の意思表明で終わるのではなく、全体を俯瞰して意見することが大事ですよね。

――最近、お二人が注目している課題や社会問題についてのトピックはありますか？

ダニエル　今、自分が気になっているのは、情報が閉鎖的になっていることです。プラットフォームの変化によって得られる情報が限られてきて、デジタルネイティブのZ世代でもアクセスする情報が偏ることで考えが先鋭化したり、視野が狭くなっている傾向があります。ソーシャルメディア上でＡＩ生成画像が拡散されて誤った情報に流されてしまうことも結構危険ですよね。

能條　あまり大切なことではないニュースに埋もれて、重要な海外の情報がきちんと届かなくなってしまうこともあるよね。

ダニエル　インターネットって本来は世界とつながれるツールのはずなのにな。それから、**特に最近のメディアを見ていて感じるのは、なんでも「難しい問題」という言葉でまとめて、思考停止してしまうこと。「難しい」で片づけず、一人一人自分で考えていくことが大切だと思うんだよね。**

能條　「難しいからわからない」とか、「学校で習ってこなかったから」という言葉も聞くけど、すべてを学校で教えてもらえるものでもない。**知識は誰かが教えてくれるものだというスタンスを変えていくことが、権威主義から抜け出すことにつながると思う。間違えることは悪いことじゃないから。間違えたら、次から正せばいい！**

私たちには〝感情のリハビリ〟が必要だ

――一人一人が自分で考えていくためにはどうしたらよいと思いますか？

能條　新聞の記事を読んだり、『ＮＨＫニュース』などテレビ局のアカウントをフォローしておくことは大事だと思う。一部、偏向報道もあるけど、基本はきちんとした取材に基づいた情報だから、それを読んで自分はどう思うかを客観的に把握すればいい。

その過程で、〝感情のリハビリ〟が必要なこともあるかもしれないですよね。一部では、ニュートラルかつクールでいることがいいとされ、「これは間違ってる」とか「これは許せない！」と怒って声を上げる人はダサい、うるさいととらえられることもあるけれど、その考えを見つめ直していく必要がある気がする。

自分の感情が動くものからでいいから、生きてる中で「これはおかしい」「これはどうにかなんないのか」みたいな感情を呼び起こされる情報を摂取して、表現していくといいのかもしれません。

ダニエル　〝感情のリハビリ〟か。いい言葉だね。

能條　**リハビリをはじめるには、まず友達や信頼できる人と話すことだと思う。その中で、「共感する」とか「私はそう思わない」みたいな会話をしながら慣れていくものなんじゃないかな。**一人で考えてると鬱々としかしないからね。だから、私は話せる場を作りたいと思って活動している、というところにつながるかも。

ダニエル　なるほど。**自分たちの手で生活を変えていくためには、まずは間違っていると思ったら間違っていると言っていい、と思うことからはじめる。**人権や環境を守っていくには、そういうことをひとつずつ重ねながらよりよくしていくしかないと思うな。

編集後記

2021年9月28日に誕生したウェブメディア『yoi』。その人気連載である「New"Word", New"World"」と対談記事を中心に、書き下ろしを加えて構成した本書を、『yoi』の初めての単行本として出版する運びとなりました。

『yoi』は、2020年に入社4年目の若手社員が社に企画提案をしたことがきっかけで生まれた、集英社の中でも珍しい成り立ちのメディアです。時代が変わり、メディアと社会の関係性が大きく変わる中で、『yoi』は、これまでの〝マスメディア〟の中で見過ごされがちだった個人の悩みに寄り添うメディアとして、今を生きる読者のために生まれました。

竹田ダニエルさんが『yoi』に初めて登場したのは、2023年3月に公開したインタビュー記事でのこと。Z世代的な価値観におけるセルフラブについてお話いただいたく中で語った「これからのセルフラブ＝〝Neoセルフラブ〟は、何かを成し遂げて強くなっていくためのセルフラブではなく、〝弱くあってもいい〟ためのセルフラブだと思うんです。人は不完全さのなかで人生を楽しむ権利があるから」という言葉が多くの読者の共感を呼びました。〝Neoセルフラブ〟という言葉が、読者に与えた新鮮な驚き。これまでの思い込みを捨て、別の世界へ飛んでいくための翼を授けてくれるような力が、そのひと言にはありました。

「新しい言葉」を知ることは、「新しい世界」を知ることである、というコンセプトは、初回のインタビューからその後の連載へと引き継がれ、本書につながっています。

本書で紹介したたくさんの言葉は、時代の変化やその時々の人々の気分を表現するために生まれたり、話題になったものたちばかりです。時代や人々の空気を反映した言葉には、世界を知るためのヒントがギュッと詰まっている…そういった意味では、「言葉」というのはときに「最小単位のメディア」なのかもしれません。

これまで悩んでいたことを表現する「言葉」、明言されてこなかった人々の共通認識を明らかにする「言葉」、生きづらい世を象徴する「言葉」――。「言葉」を通して私たちの〝今〟を表現すること・知ることは、他者を知り、自分を変え、世界をよりよくするための叡智に、きっとつながっていくでしょう。

時代の空気をキャッチする鋭い感性と「言葉」への真摯な姿勢を貫いた著者の竹田ダニエルさん、そして、対談に登場してくださった皆さま、ライティングを担当してくださった浦本真梨子さん、素敵な装丁を作り上げてくださったデザイナーの佐々木俊さんとイラストレーターのぬQさん、そのほか多くの方々のお力を借りて、この一冊はでき上がりました。

この本を手にしたあなたが、「言葉」を通して「新しい世界」を見つけられたら、編集部一同、これほどうれしいことはありません。

文／『ｙｏｉ』編集部員 木村美紀

初出一覧

Therapy speak（セラピースピーク）…2023年7月15日に『yoi』で公開

Venting（ベンティング）…2023年8月10日に『yoi』で公開

SAHGF…2023年8月25日に『yoi』で公開

Food is food（フード・イズ・フード）…2024年3月6日に『yoi』で公開

Toxic positivity（トキシック・ポジティビティ）…2024年4月6日に『yoi』で公開

対談 大田ステファニー歓人…2024年7月13日に『yoi』で公開

Lazy girl job（レイジー・ガール・ジョブ）…2024年2月3日に『yoi』で公開

Delulu（デルル）…2023年11月18日に『yoi』で公開

対談 安堂ホセ…2023年12月3日に『yoi』で公開

Doomer（ドゥーマー）…2024年6月9日に『yoi』で公開

Dumb phone（ダムフォン）…本書が初出。書き下ろし

Sephora kids（セフォラキッズ）…2024年9月14日に『yoi』で公開

対談 SIRUP…2023年9月30日に『yoi』で公開

Solo date（ソロデート）…2023年6月5日に『yoi』で公開

Male loneliness（メイル・ロンリネス）…2023年9月23日に『yoi』で公開

Girl○○（ガール○○）…2024年1月6日に『yoi』で公開

Generational trauma（ジェネレーショナルトラウマ）…本書が初出。書き下ろし

Decenter men（ディセンター・メン）…2024年7月22日に『yoi』で公開

対談 TAIKI…2024年9月8日に『yoi』で公開

対談 桃山商事…本書が初出。2024年11月以降に『yoi』で公開予定

Mob wife（モブワイフ）…2024年5月11日に『yoi』で公開

Alternative milk（オルタナティブミルク）…本書が初出。書き下ろし

Choice feminism（チョイス・フェミニズム）…本書が初出。2024年11月以降に『yoi』で公開予定

対談 能條桃子…本書が初出。2024年11月以降に『yoi』で公開予定

本書は、集英社の心・体・性のウェルネスメディア『yoi』の連載
「New"Word", New"World"」の記事と『yoi』に掲載された対談記事
を加筆修正したものを中心に、書き下ろしを加えて構成しています。

ニューワード ニューワールド
言葉をアップデートし、世界を再定義する

2024年10月30日　第1刷発行

著者　竹田ダニエル

発行人　内田秀美
発行所　株式会社 集英社

〒101-8050
東京都千代田区一ツ橋2-5-10
電話　編集部 03-3230-5094
　　　読者係 03-3230-6080
　　　販売部 03-3230-6393（書店専用）

装丁　佐々木俊
装画　ぬQ
写真　Saeka Shimada（P38）　平松市聖（P64）
　　　池野詩織（P96）　森川英里（P134）
ライター　浦本真梨子
編集　木村美紀（集英社）　種谷美波（集英社）

印刷所　大日本印刷株式会社
製本所　ナショナル製本協同組合

定価はカバーに表示してあります。

造本には十分注意しておりますが、印刷・製本など製造上の不備がございましたら、お手数ですが小社「読者係」までご連絡ください。古書店、フリマアプリ、オークションサイト等で入手されたものは対応いたしかねますのでご了承ください。

なお、本書の一部あるいは全部を無断で複写・複製することは、法律で定められた場合を除き、著作権の侵害となります。また、業者など、読者本人以外による本書のデジタル化は、いかなる場合でも一切認められませんのでご注意ください。

©Daniel Takeda 2024 Printed in JAPAN
ISBN 978-4-08-790180-1　C0095